教師と子どもの共同による
学びの創造
― 特別支援教育の授業づくりと主体性 ―

成田　孝・廣瀬信雄・湯浅恭正

大学教育出版

まえがき

　子どもたちと接する毎日の学校が、私たちにとって楽しく、取り組みがいのある場になる、そのための授業づくりの論理を考えたい……このような願いから本書は編まれた。しかし、学校や教育をめぐる環境は大きく変わり、子どもたちの世界についてじっくりと時間をかけて理解し、納得のいく授業をつくろうとしてもその困難さを感じる毎日が続くとの声を耳にすることが多くなってきた。そのためか、子どもたちの変容を求めるための情報を手にしたいとの志向はますます強くなっているように思われる。授業の成果という答えを出すことに力点が置かれ、つい「そのための指導はこうすべきだ」という答えのある情報に目が向いてしまう。

　教育が子どもの発達を目指すからには、実践の成果に結びつく視点を探ることは不可欠だ。しかし、授業で子どもの思考を促進し、考える場をつくることに力を注ぎ、問うこと、考えることを子どもたちに求めるのと同じように、今、授業という営みで何が問われているのか、何を問うべきかを考えることが私たちにとっても必要ではなかろうか。

　本書が「主体性」とは何か、それを促す授業とは何かという古くて新しいテーマを掲げているのも、今日の時代において必要な「主体性とは何か」を問いかけようとするからである。「主体性」というテーマのもとに授業の論理を問いかけるための視点を示そうとした本書が、私たち教師の、そして子どもたちの何を軸にして授業を進めるのかを考えるための一助になれば幸いである。

　学校と授業が構成員にとって楽しく、やりがいのある活動で満たされるためには教室という狭い空間で営まれる授業よりも、教育を支える基盤や社会的条件をこそ問うべきだという考えは当然である。本書はこうした授業実践を支える土台については触れず、実践論の展開になっている。

　ただ、私たちは、狭いミクロな空間の授業の一つひとつではあっても、そこに教師と子どもの生活があり、多様なモノ・コト・ヒトと出会い、マクロ

な世界の探究に開かれた学びの場があると信じ、地域・文化・科学といった広い世界を問い返す授業づくりを願ってきた。教師と子どもたちとで構成する授業という日常の中に私たちのこれからの未来の世界を展望するための手がかりを見つけようとするからである。本書が「学びをつくる教師と子どもの共同」を探究しようとしたのもそのためである。

本書は、三人の共著ではあるが、それまで交流のなかった成田と湯浅を結びつけたのは廣瀬である。廣瀬の存在がなければ、本書にいたるまでの出会いと交流はなかったであろう。それは偶然の出会いと結びつきではなく、三人が、教授学という教育学の一研究分野の意義を大切にし、実践の事実に基づいて授業という営みを探究する意義とおもしろさに魅かれたからである。

2002 年に私たちは本書の先駆けとなる企画（湯浅恭正・冨永光昭編『障害児の教授学入門』コレール社）を手がけた。それから 13 年を経て、ようやく「障害児の教授学、その入門から発展」を展望することができるようになったように思う。そこには三人に加えて学会等で議論してきた多くのかたがたの協力があった。厚くお礼申し上げる。

今日では、特別支援教育に名称は改められたが、障害のある子どもにとっての授業づくりを探究することが、広く特別支援の対象にされている子どもを含めた授業づくりの原則を考察することにつながるものと考える。

本書の後半で、三人がこれからの授業づくりの「展望」を示しているが、その中で各人の研究と実践の来歴が触れられ、これからの課題が展望されている。そこには、わが国の戦後教育における授業研究の位置をいくらか知っている者から、これからのこの分野を担う世代へのメッセージの意味が込められている。次世代のかたがたが本書を批判的に読みひらき、本書の問いかけを更に発展させて、21 世紀の中盤から後半にかけて問うべき課題を発見していただければ望外の喜びである。こうした世代を超えた共同のために、本書が広く活用されることを期待している。

2015 年 10 月　　　　　　　　　　　　　　　　　　　　　　　　　湯浅恭正

教師と子どもの共同による学びの創造
―― 特別支援教育の授業づくりと主体性 ――

目　次

まえがき ……………………………………………（湯浅恭正）…… i

第1章　子どもの「主体性」を問い直す ………（成田　孝）…… 1

1　「主体性」とは　1
　(1)　「主体性」は「目に見える動きや結果」でなく「内面の動きや育ち」　1
　(2)　「主体性」が教育目標や研究目標となる背景　3
　(3)　「させる・させられる活動」と「する活動」　5
　(4)　授業における「教え」と「学び」　7
　(5)　授業における「主体性」の在り方　11

2　「主体性」を育む条件　12
　(1)　「教師主体」と「子ども主体」　12
　(2)　教師に求められる姿勢　13
　(3)　題材（教材）の条件　16
　(4)　待つための支援　19
　(5)　授業研究（会）の在り方　26
　(6)　子どもの主体的活動と学習指導案　34

3　作業学習と子どもの主体性　38
　(1)　体性感覚の重要性　38
　(2)　作業学習の目標　39
　(3)　作業学習の常識に対する疑問　41
　(4)　子どもが主体的に取り組む緊張感のある作業学習　42
　(5)　「製品づくり」ではない作業学習の実践例　45

4　生活単元学習と子どもの主体性　49
　(1)　待つことが難しく子どもの主体性が発揮されていない実践例　49
　(2)　じっくり待ちながら子どもの主体性が発揮されている実践例　52

5　美術と子どもの主体性　54
　(1)　主体的な表現を引き出す造形活動の条件　54

(2) 絵画表現の実践例　56
　　　(3) 「土粘土」の実践例　58

第2章　教師の「主体性」を問い直す　……………（廣瀬信雄）……67

1　授業の危機と授業づくりの当事者としての教師　68
　　(1) 「大人の都合」から「子どもの事情」へ　68
　　(2) 子どもの事情と「主体-主体」関係　69
　　(3) 「形式の伝達」から「意味の相互理解」へ　69
　　(4) 教師が仲立ちする学習体験　70
2　子どもの存在をつくる　76
　　(1) 「一対一」で生活と存在がつくれるか　77
　　(2) 集団の教育力　78
　　(3) 支援を受けるだけの人間にしてよいか　78
3　意味をつくる教師のことば　80
　　(1) 「お前はダメだ」「お前が悪い」と言わない教師が子どもに自己有能感を
　　　　つくる　80
　　(2) 個人的な「意味」を豊かにする教師のことば　81
　　(3) 教師のことばが持つ行動調整的な働き　82
　　(4) 子どもの失敗を誘う、教師のことば　82
4　教師の専門性の危機　83
　　(1) キーパーソンとしての専門性　83
　　(2) 特別支援教育教師の専門性の危機　88
　　(3) 専門性の感じられない教師と授業　89
5　教育的診断の危機　90
　　(1) 教育的診断と心理学的診断　91
　　(2) 特別支援教育における教育的診断の危機　92
　　(3) 医学的診断、心理学的診断の影響　93

6 日課の共有と教師の思考　*94*
　（1）学校で過ごす時間、日課の役割　*95*
　（2）生活をつくる練習　*96*
　（3）教師の思考・子どもの思考　*98*
　（4）教師の集団思考力　*100*
　（5）教師の性格・人格は授業を通して子どもに伝わる　*101*

第3章　授業づくりのリアリティを求めて　………（湯浅恭正）… *104*
1　授業づくりのリアリティと教師　*105*
　（1）特別な教育的ニーズと授業　*105*
　（2）学び論と授業づくり　*109*
　（3）授業づくりに挑む教師の姿勢　*113*
2　授業づくり論との対話　*118*
　（1）子どもの「主体性」と成田授業論との対話　*119*
　（2）教師の「主体性」と廣瀬授業論との対話　*125*

第4章　特別支援教育の授業づくり・その魅力と展望　………*133*
1　とてつもなく厳しい模索による確かな学びを目指して（成田　孝）*133*
　出会い　*133*
　（1）感動的な授業を！　*136*
　（2）生命の躍動を！　*137*
　（3）教師としての力量不足の自覚を！　*137*
　（4）専門分野偏重の克服を！　*138*
　（5）徹底的な題材（教材）研究と授業構想を！　*138*
　（6）「教師が教えたいこと」を「子どもが学びたいもの」に！　*139*
　（7）題材（教材）や指導技術などの安易な模倣を克服し、学びを深めるための授業構想を！　*139*

（8）教師冥利の実感を！　*140*

　　（9）子どもの"輝き"を掘り起こし、発信・共有しよう！　*140*

　2　魅力ある教師の仕事への誘い（廣瀬信雄）　*140*

　　気づき　*140*

　　（1）教育は子どもの内面に働きかけ、行動の意味を読み解くことである
　　　　　143

　　（2）"プラス"の評価で可能性を見つける　*144*

　　（3）劣化、脆弱化させない専門性　*146*

　　（4）大人のよい所をまねさせる　*147*

　3　授業づくりの展望（湯浅恭正）　*148*

　　（1）授業づくりを支える基盤　*149*

　　（2）授業という制度と探究に開かれた学び　*150*

　　（3）授業を構想すること、物語をつくること　*152*

あとがき ……………………………………………（成田　孝）… *155*

第1章
子どもの「主体性」を問い直す

1 「主体性」とは

(1)「主体性」は「目に見える動きや結果」でなく「内面の動きや育ち」
1)「主体性」の意味

『広辞苑』[1]によると、「主体性」は「主体的であること。また、そういう態度や性格であること。」とあり、「主体的」は「ある行動や思考などをなす時、その主体となって働きかけるさま。他のものによって導かれるのでなく、自己の純粋な立場によって行うさま。」とある。更に、「主体」は「自分ひとりの考え方や感じ方」である主観の個体性・実践性・身体性が強調されたものとしている。

以上から、「主体性」は「自分で考えたり感じることであるとともに、自分から周囲に働きかけることである。」と言える。

『学研漢和大字典』[2]によると、「主」は「燈火が燭台の上でじっと燃えるさまから、じっとひと所にとどまる、とどまって動かない者。」、「体」は「人体、からだや姿」、「性」は「うまれつきのすみきった心」とある。

「主」「体」「性」をつなぐと、「自分の心に添って、じっくり取り組む内面の姿。」となる。むろん、子どもの発達段階によって、主体性の状態が異なるのは言うまでもない。

以上から、「主体性」は「内面の動きや育ち」そのものであり、学びそのものと言える。つまり、「目に見える動きや結果」でないことは明らかであ

る。

　早川透らは[3]、「『主体的』とは、自分なりの思いや考え、感情、価値観などを持つ『主体』が学び・育ち、主体としてのありよう（主体性）が育まれた結果として表す態度、姿勢であり、物理的環境や支援ツール等によって引き出され、形成されるものではないと考える。」とし、「発達の結果である『主体的な姿』を行動レベルで目標設定し、行動形成を目指す実践には疑問を感じる。」と述べている。

　ここでも、目に見える表面的な結果でなく、内面の育ちの重要性を指摘している。また、主体性をテーマとしたさまざまな実践報告における「主体的」及び「主体的な行動・参加」の捉えた方に疑問を呈し、「主体的」の定義について議論する必要性を訴えている。

2）「目に見える現象」の意味を理解する難しさ

　「目に見える現象」は眼に映るが、その意味(こころ)を理解することは簡単ではない。

　吉増克實は[4]、認識を「自然科学的認識」と「現実学的認識」に分け、「自然科学的認識」の反現実性・反生命性・盲目性を厳しく批判している。「自然科学的認識」は、自我が必要とする範囲で概念化するとともに、その概念化された分しか認識することができないとしている。一方、「現実学的認識」は「共感的認識・感動的認識」とも言われる。生命的な共感・感動によって現実に開かれ、現実とのつながり、広がりと深さ、精密さが重要視されるとしている。

　三木成夫[5]も、「ロゴス中心の思考」は"あたま"が"こころ"の声を聞き失うのに対して、「生中心の思考」は"あたま"が"こころ"の声を聞き入ることができるとしている。さらに、三木成夫の言葉を借りれば[6]、"しかけしくみ"は"あたま"による計算・解釈・分解によって捉えることができるが、"こころ"の表現である"すがたかたち"は"無慾の観照 visio sine comprehensio"によってのみ体得される。

　つまり、教師が自我を強めて"あたま"で探ろうとすると、教師のものさ

しの範囲でしか理解できない。目の前の現象から切り出し、紙面を尽くして分析しても、子どもの"こころ"は決して見えてこない。これは、廣瀬による、「『外見』だけを"ありのまま"と理解する（90頁参照）」「子どもの表面に現れる行動や状態ばかりに注目し、それに覆い隠されている重要な部分が見えにくくなっている（92頁参照）」状態と言える。

　一方、教師の子どもの生命への共感的・感動的体験によって、初めて、多様で、変化・連続・更新・連関する子どものありのままの"こころ"が観得・観照・受容される。これは、廣瀬が指摘する、「行間に隠されている（71頁参照）」「まだ外側に現れていない子どもの可能性を見いだす（143頁参照）」ことにつながる。

　このように、子どもの"こころ"が見えるかどうかは、教師の見る目による。子どもの生命に寄り添い、子どもの生命への傾聴・共感・感動を通してのみ、子どもの"こころ"そのものが観得・観照・受容されるのである。

(2)「主体性」が教育目標や研究目標となる背景

　「主体性」を、教育目標や研究目標に掲げる特別支援学校が少なくない。なぜ、「主体性」がことさらに、教育目標や研究目標となるのだろうか。

1) 子どもに対する教師の「弱者・劣等者」観

　「子どものために」とか「障害を持っている人のために」という考えは、子ども・老人・障害児者は能力が劣るので、援助・介護・介助・補助・教育・治療などをしなければならないという、健常者・強者の論理が根強くあることは否定できない。ここには、能力に勝る健常者・強者が能力に劣る者を救済するという、上から目線かつ押しつけがある。

　ボランティア活動を例にとると、双方が主体で、双方の生き方に対して積極的にプラスになっているボランティア活動が数多く展開されている反面、慰問や披露を主とする押しつけ型・自己満足型のボランティア活動が多いのも事実であろう。

　福森伸しょうぶ学園長（鹿児島市）は、障害児者は自分で正しい判断がで

きないと決めつけて、他人が本人の利益のために善意で意志決定することを、「偽善的パターナリズム」として強く批判している[7]。

　子どものために善かれと思って、教師が介入者として、子どもの意志に関係なく意志決定することには慎重でありたい。子どもの意志をじゅうぶんに考え、自己決定権を尊重し、その子らしさが最大限に発揮されることに全力を尽くさなければならない。主体性と自己決定は、切っても切り離せない関係であり、一体のものである。

　人間にはさまざまな年齢があり、個々が多様な能力や考えを持っている。健常者・障害児者に関係なく、人間としての活動範囲を広げ、自己決定のもとに人生を豊かに生きることを追求し続けなければならない。そのためには、障害の有無などに関係なく、誰でも必要な援助・介護・介助・補助・教育・医療などを享受する権利を持っている。

　元高谷清第一びわこ学園長によると[8]、援助・介護・介助は「する人」と「される人」の関係だが、「ケア」は相互性及び双方性があって、協力して行いながらともに充実することに意味があるという。つまり、ケアはサポートを通して、援助が必要な人に寄り添いながら、ケアする人自身も豊かに成長する相互的な営みなのである[9]。

　「強者・有能者」対「弱者・劣等者」の関係を完全に捨て、「ケア」の精神を大事にしながら、「教師主体・子ども主体」かつ「教師と子どもがお互いに共感し合う」関係の構築なしに、教師と子どもの両者に、主体性の本義である「豊かな内面」、つまり「学び」は決して育まれない。

　2)「受動的で依存的」とする教師の子ども観
　子どもは、「指示されたことはそれなりにできるが、自信がなく確認しないと不安で行動できないなど、自分で考えて行動したり、見通しを持って行動することが少ない。できることでも一人でやろうとしなかったり、途中であきらめてしまったり、教師や親に対する依存心が強い。困ったときに自分から対処することができないなど、まだまだ受け身の生活をしている実態がかなり見られる。」[10]と、受動的で依存的な状態と捉えている。

この受動的で依存的な状態を克服するために、多くの学校の教育目標や研究目標に「主体性」が掲げられることになる。
　しかし、これでは目に見える表面的な現象が強調されすぎていないだろうか。子どもの発達を受容しているだろうか。教師の、一方的なものさしに当てはめていないだろうか。子どもに興味ある活動を用意しても、子どもはほんとうに主体的に活動しないのだろうか。
　目にはっきり見える動きになっているかに関係なく、子どもの内面の動き（主体性）を子どもに寄り添いながら、丁寧に把握するベースが教師にないと、「分かる」ことよりも「できた・できない」に目を奪われる結果主義になりかねない。「受動的」や「依存的」も問い直す必要がある。

(3)「させる・させられる活動」と「する活動」

　教育が、子ども主体の学びを深めることを否定する教師は一人もいない。しかし、「教育」という言葉に象徴されるように、「教えて育てる」考えがはびこっているのも否定できない。
　武田忠によると[11]、林竹二は学校で一定のことを教えられている子どもたちの不幸と悲惨さを嘆き、子どもに深く蔵されている宝を掘り起こすことの重要性を繰り返し述べている。
　子どもを教師が期待する姿に早く到達させるために、指示や命令を多く出して「させる」のではなく、教師が子どもにふさわしい活動内容を徹底的に研究しながら、最小限の支援によって、子どもが主体的に「する活動」になっているかが厳しく問われる。
　特別支援学校長の河野昌永も[12]、主体性が大切と言われるが、「興味がないのに、答えている人を見なさいと顔まで向けさせられる。」「待ち時間も多い」「答えを間違うと正解に誘導する」「分かっても分からなくても静かにじっと座っていれば周囲の大人は満足」と、教師主導の「させる・されられる教育」がまだ幅を利かせている状況を、具体的に指摘している。
　また、中田基昭によると[13]、教えることの特徴として、「教える内容をす

表1 「させる・させられる活動」と「する活動」

させる・させられる活動	する活動
教師主体 ・子どもが教師にさせられる授業。 ・教師の世界。子どもの姿を借りた教師の授業。 ・結果重視。	**子ども主体・教師主体と子ども主体** ・子どもが自ら学ぶ授業。 ・子どもの世界。子どもの授業、教師と子どもの共同の授業。 ・過程重視。
教師主体の活動 　教師の授業構想を手がかりに、教師が子どもとやりとりしながら授業が進められるが、教師の考えが優先するため、子どもの行動は修正され、教師の指示や命令によって、教師が考える枠にはめられていく授業。 ・結果や課題の解決が目的化するため、分かることよりも、できることが重視される。 ・子どもどうしの関わりが豊かとはいえない。 ・失敗が受容されにくく、失敗しないための手だてが講じられるため、試行錯誤の過程があまり保証されない。 ・目に見える結果を優先し、指示や命令が多く、子どもを支配する授業。 ・結果を急ぐため、子どもを急かし、待てない。 ・自分であまり考えず、教師から指示されたことに、それなりに取り組む。 ・指示されたことを、自分の力の範囲でこなす。個性があまり発揮されない。 ・工夫や発見や驚きが少ない。 ・知識や技能やスキルの習得。 ・できないことが、一見できるようになる。 ・成就感や達成感や自己肯定感が少ない。	**子ども主体・教師主体と子ども主体の活動** 　教師の授業構想を手がかりに、教師が子どもとやりとりしながら、教師と子どもたちの共同によって学びが深められ、教師も子どもたちも予想できなかった高みに登りつめる授業。 ・結果やできることよりも、分かることの過程が重視される。 ・子どもどうしの関わりが豊かである。 ・失敗が許容され、試行錯誤の過程がじゅうぶんに保証される。 ・一歩先の課題（発達の最近接の領域）。 ・過程を重視し、子どもに寄り添いながら、じっくり待つ。 ・主体的な活動を引き出すための最小限の支援。 ・活動に集中し、夢中になって取り組む。 ・自分で考え、判断して行動する。 ・自分の力が最大限に発揮される。 ・子どもの多様な個性が尊重される。 ・工夫や発見や驚きがある。 ・思考力や判断力の修得。 ・分かるため、できないことができるようになる。 ・成就感や達成感や自己肯定感がある。

でに理解してしまった教師は、それを理解する前の状態に戻ることができないため、教える内容を理解していない子どもの立場に立って子どもに教えることが、もはやできにくくなっています。」と、教える者が教えられる立場に立てない「両義性」と「非連続性」を指摘している。

　幼児や障害児も個々の世界観や認識を持っているのに、大人である教師の尺度を当てはめてしまいがちな現実も否定できない。

　教えることの「両義性」と「非連続性」、つまり、子どもと教師の認識や理解のプロセスが違うことを前提に、子どもの学びを教師の鋭い感受性でリアルタイムに読み取りながら、一筋縄ではいかない子どもが主体的に取り組む「する活動」を、いかに教師が組織し、展開できるかが問われる。

　それに反して、教師主体の「させる・させられる活動」は子どもの内面に教師が思いをはせることもなく、目の前の現象や結果が重視され、教師が想定したプログラムに子どもが合わせさせられる。教師の授業に、子どもがつき合わさせられるのである。

　この、教師が子どもに「させる」授業、子どもが教師に「させられる」授業は教師のための授業、教師が自己満足する授業以外の何ものでもない。

(4) 授業における「教え」と「学び」

　伊藤功一は、教師が考える「よい授業」の条件として、①子どもが活発に発言して教師の発言が極力少ない、②指導案どおり流れる、この二つが現場で重要視されていることを指摘している[14]。

　ところが、この二つの条件は、次に紹介する林竹二宮城教育大学長の授業を通して、根底から覆される。

　伊藤校長の要請を受けて、林が青森県七戸町立城南小学校で4年生1クラスを対象に、「人間について」の授業を行っている。中部上北教育委員会の要請で、管内の小・中学校教員の約450名が授業を参観するため、通常授業が行われる教室ではなく、急遽、体育館で行われた。教育大学の学長の授業なので、先生がたが相当な興味と期待を持って参観したことが想像でき

る。

　現役の教師である参観者の大多数が、授業者の話が主体で子どもたちの発言の少なかったことを捉えて、「あれは授業ではなく、大学の学長の講義である。」[15]と否定的だったという。教師の発言が多く、子どもの発言が少ないという表面的な現象のみで判断したのである。子どもの発言が抑えられ、教師が子どもにひたすら聴かせる授業にしか見えなかったのである。好ましくない授業に見えたのである。

　林は子どもの発言を褒めるどころか、発言に根拠を求めて追求したので、子どもは行き詰まって沈黙してしまったのである。この沈黙が、林の発問と写真を見せながらの具体的な説明によって、子どもたちの内面に深い葛藤と思考が生じた姿であることを、参観した大多数の教師は見抜けなかったのである[16]。

　当日の授業の写真では子どもの様子は分かりにくいが、筆者の手元にある、那覇や福山の小学校で行われた林の授業の写真を見ると[17]、学びに集中している子どもたちの姿、真に学ぶ子どもの美しさに圧倒される。三本木小学校における子どもや先生がたも、生き生きして実にまぶしい[18]（伊藤校長の城南小学校の次の勤務先である三本木小学校で、伊藤校長のリードの下に学びが深められ、授業研究が開花する。）。

　話しが聞きにくい体育館という最悪の環境での授業にもかかわらず、子どもたちは「なぜか広い教室にいて、林先生と二人だけで授業をしているように思った。」「一生懸命聴いていたら、林先生の声が非常によくわかった。」とアンケートで答えている[19]。授業に集中し、教師と子どもが真剣に問答し、学びが深められていったのである。

　伊藤によると[20]、授業における集中は、教師によって授業が厳しく組織された時に限って可能な現象とされる。そして、教師の発言から引き出される子どもの答えを、授業の本質につながるものとそうでないものに識別して授業の流れを形成することが、授業を厳しく組織することとしている。

　この際、子どもの発言の多少は問題ではなく、子どもが多弁なときは授業

が浅いと警鐘している。集中は、授業の質そのものである。

　このときの様子を、少し長いが抜粋して紹介する[21]。

　　林先生が発せられる質問に、活発に応答する子どもたちを、次々に沈黙させてしまう授業だった。競って挙手した子どもたちは、思いつくままに答えるのだが、林先生は、その子どもたちの発言をそのまま肯定せず、その答えの根拠を追求する質問を、続けて発するのである。そうすると、子どもたちはたちまちことばを失って沈黙し、やがて教場内が静まり返った。根拠のない答えを次々と吟味にかけたのである。
　　そのような授業経過をたどったあと、林先生はビーバーの生態を子どもたちに説明しながら、時折、質問をはさんだ。その際、林先生は、指名された子どもが答えにつまっていると、その子どもがことばを発するまで、じっと待つのである。それは傍らで見ていて、もどかしいまでに長かった（実際はほんの数分に過ぎないのだが）。
　　やがてその子どもが、低い声でひと言、ふた言、発言すると、林先生はその子どもの口元に、自分の耳を近づけ、発言できたことを喜びながら、子どもの不完全な答えに、やさしくことばを補ってやるのであった。
　　私たちの口ぐせである「もっと大きな声で」とか、「もっとはっきりと」などど、声を荒げることなど決してなさらなかった。
　　根拠のない借り物の答えを、厳しい吟味にかけながらも、答えの遅い子どもの発言をじっと待ち続け、やがて、その子どもなりの答えができたことを共に喜び、励ましのことばを添えるやさしさを子どもたちは敏感に理解して、「林先生と勉強した」と感想を書き、「林先生に教えてもらった」などとは書かなかったのである。
　　今になって思えば、子どもの声の低さを、なじったりせず、逆に、自らが子どもの口元に近づき、耳を寄せて、子どもの発言を真剣に聴き、その答えに心から共鳴したり、補ってやったりした林先生は、まさに、子どもが近寄ってくるのを待つのではなく、自分から積極的に子どもに近づいていく教師だったのである。

　残念ながら、教育のプロであるべき現場の教師の大多数には、子どもたちが学びに集中する美しい表情も見えなければ、学びを深めていく内面の動きや育ちも見えなかったのである。表面的な現象にすぎない教師と子どもたち

の発言の多少で、授業を評価してしまったのである。

　表面的な現象は誰にでも見えるが、子どもの内面を洞察する難しさ、活発な活動と深い学びは必ずしも比例しないこと、目に見える表面的な現象だけで判断することは危険であることを思い知らされる。

　小野成視は、林が城南小学校の体育館で行った授業の後の、地域の教員約450名を対象とした講演「人間について」の中で、教師に日常の授業を根本的に問い直し、捉え直すことを求めて、次のように述べたことを紹介している[22]。

> 　授業というのは、何か決まったことを「教える」ことではなく、子どもの発言の量でもない。授業というものは、子どもの持つ可能性を引き出すために、もっとも適した教材を選び、その教材を徹底的に教材研究して、子どもの中に深く埋もれている力を引き出すための学習を組織する仕事である。通俗的な自分から抜け出して、子どもが今までとちがった、高みにまで登っていく。それができてはじめて授業になるのである。

　教育は、教師が一定のことを教えることではなく、教師と子どもの共同によって、子どもが主体的に学ぶことであることを否定する教師はいまい。

　しかし、教師の一方的な主導によって子どもの主体性が損なわれ、学びが形骸化している授業が数多く展開されているのも事実であろう。教師の独りよがりな主導による教育が教師を無意識に蝕み、学びが深められない目の前の状況を多くの教師が自覚できていないところに、事態の深刻さがある。

　この状況は、授業で立ち往生したり、授業研究会などで厳しく指摘されたりなどして、教師自身が「おれ、何やってるんだろう？」と、おのれの力量不足を深刻に自覚できるかにかかっている。この力量不足の実感なくして、教師は授業研究のスタートラインに立てない。

(5) 授業における「主体性」の在り方

　教師の指示に子どもが素直に従い、子どもが元気に活動している授業は多く見かける。よく発言し、よく体を動かしている。一生懸命に取り組んでいるが、子どもが立ち往生することも、回り道することもなく、スムーズに授業が流れていく。一見何も問題がないように見える。

　しかし、子どもに発見や驚きや成就感があったのだろうか。今まで分からなかったことが分かったり、できなかったことができるようになったのだろうか。否である。このような授業は、子どもの姿を借りた教師の授業にすぎない。

　では、授業における主体性をどのように考えたらよいのだろうか。子どもが主体なら、子どもに自由に活動させてもよさそうだが、これでは子どもが好き勝手に活動しているにすぎない。

　授業は徹底的な題材（教材）研究を通して、教師が「教えたいもの」を子どもが「学びたいもの」に転化していく作業である。「教えたいもの」は、題材（教材）ではない。「教えたいもの」を、題材（教材）と勘違いしていないだろうか。題材（教材）を通して、「教えたいもの」が何なのか、その授業構想なくして、「学び」は創造できない。

　授業は、題材（教材）を子どもが持っている能力で無難にこなしたり、題材（教材）に付随していることが簡単に分かったり、できるようになることではない。

　題材（教材）には、教師や集団によって揺さぶられながら、子ども自身の手で何とか課題をクリアして、子どもが持っている能力の一段高みに子ども自身が登り、成就感・達成感・充実感を実感できる内容が要求される。いわゆる、ヴィゴツキーの「発達の最近接の領域」[23]である。

　じっくり待ちながら、励まし、ともに喜びながら、難しい課題に教師と子どもが共同で立ち向かうのである。子ども自身が、教師とともに難しい課題の奥に分け入っていくのである。

　林の授業の神髄もここにある。教育活動の本質が、林と子どものやり取り

から浮かび上がってくる。教師が「教えて」子どもが「学ぶ」のではなく、教師と子どもがともに「学ぶ」のである。教師主体でも子ども主体でもなく、教師と子どもの両者の主体が一体となっている。

　ここで初めて、「教えること・教えたいもの」を「学ぶこと・学びたいもの」に転化できるのである。

　授業における主体性は、教師の指示や命令で活動することでも、子どもが自分から取り組んで活動することでもない。子どもが自分から活動している現象があるからといって、子どもが主体的に活動しているとはいえない。子どもの学びを深めるきっかけが、教師の指示か子どもの自発性かは問題にならない。教師の説明や指示などが、きっかけとなることも少なくない。

　大事なことは、活動に真の「学び」があるかどうかである。授業における「主体性」は、ほんものの「学び」と同義語と考えなければならない。ほんものの「学び」がない、一見主体的な活動に「主体性」は存在しない。

2　「主体性」を育む条件

(1) 「教師主体」と「子ども主体」

　教育では、教師は子どもを積極的に主導しなければならない。子どもを積極的に主導しながら、子どもの主体性を引き出し、中田が言う「おぎない合う呼応」が豊かに展開されなければならない。教師主体・教師主導を否定するのは、大きな間違いである。

　そもそも、「教師主体」と「子ども主体」は、分けられるものではない。教師主体が悪いわけでもない。なぜなら、授業は教師と子どもの共同で学びを創り上げていくものだからである。

　ただし、教師主体には、子どもとじっくり呼応しながら、共同で学びを創り上げていく教師主体と、教師の一方的かつ独りよがりで子どもと呼応できない教師主体があることに留意したい。

林の授業は、教師の話が主で子どもの発言が少なかった現象のみを捉えて、大多数の参観者から否定されたのである。確かに、林の説明や質問は長いが、説明や質問によって子どもの内面に深い葛藤と思考が生じ、学びが深められた事実は前述のとおりである。

　教師が過剰に説明したり、先回りしたり、押しつけたり、安易に答えに導いたりして、子どもの内面の深い葛藤や思考を奪うなら、この教師主体は教師主体ではなく、教師の一方的な暴走にすぎない。

　教師からの指示の範囲で、そのときに子どもが持っている能力の範囲でてきぱきと活動していると、一見「子ども主体」に見える。これでは「こなしている」だけで、学びが伴わない偽りの「子ども主体」である。

　目に見える活動の多少は、問題にならない。子どもが壁にぶつかったとき、まるで自分のことのように受け止めて、教師が子どもの気持ちに寄り添いながら行う段階的な支援は、極めて積極的な教師主体である。

　同時に、教師からヒントをもらいながら、課題を何とかしてクリアしようと集中して取り組んでいるときの子どもは、「子ども主体」そのものである。

　学習課題に立ち向かいながら高みに登るプロセスは、「教師主体」と「子ども主体」が混然一体となっているのは明らかである。

(2) 教師に求められる姿勢

　教育が人間の営みである以上、教師と子どもの信頼関係は不可欠である。どんなに優れた指導技術があっても、子どもとの信頼関係がなければ教育は破綻してしまう。知識や技能の習得も否定しないが、教育は人間性を磨き、学ぶ場である。

　教師の姿勢は、みごとなまでに子どもに見透かされる。教師の姿勢で最も重要なのは、子どもが教師に愛され、大切に思われている存在であることを、理屈抜きに子どもが実感しているかどうかである。叱るのがよいか悪いかなどの、短絡的な問題ではない。子どもの活動を人ごとでなく、まるで自分のことのように受け止められる教師でなければならない。

林も、1977年10月16日に青森県の城南小学校で行われた講演「授業の成立について」において、授業の一番根底をなすものとして、「子どもが教師に対して心を開いている、教師が子どもに対して本当に心を開いて子どもに向き合っているということ」を強調している[24]。
　子どもに限らず、人間は不安を抱えている。教師が子どもを支配したり表面的な関わりに終始するのではなく、かけがえのない存在として、時間と場所を共有して心を通わせられることに喜びを感じながら、子どもの行動を優しく受け止め、子どもと共同で可能性を引き出さなければならない。
　この際、教師の一方的な主導による「させる・させられる」活動ではなく、「する活動」であることが必須となる。なぜなら、教師の一方的な主導による「させる・させられる」活動では、子どもの成就感・達成感・充実感が生まれるはずがないからである。
　教師が子どもから信頼されていると思っても、人間は子どもに限らず、生きるすべとして環境に順応するものなので、子どもが教師を真に信頼しているとは限らない。学びを創造する熱い思いをベースにした、徹底的な教材研究・解釈と授業構想の基に、子どもに真剣かつじっくり寄り添いながら、成就感・達成感・充実感を実感し、共有してこそ、子どもに教師への信頼が醸成される。教師の笑顔だけでは、教師に対する信頼は形成されない。
　表2は、「教師に求められる姿勢」である。「教師の姿勢」としたが、教師自身のあらゆる教育活動の基盤となるものである。教師自身の人間観であり、教育観である。
　「解放的な雰囲気づくり」「主体的な活動の促進」「基本的なこと」の3つの観点と、それぞれの内容を挙げた（各内容の詳細は、注25）29-35頁参照。）。

1）解放的な雰囲気づくり
　教師の一方的な主導による、指示や命令の多い「させる・させられる」授業は、結果が重視される。そのため、失敗や試行錯誤が尊重されにくく、子どもから見ると緊張の強いピリピリした授業になりやすい。

第1章　子どもの「主体性」を問い直す　15

　それに対して、教師と子どもの両方が主体となって難しい課題に取り組む授業は、失敗が受容され、試行錯誤がじゅうぶんに保証され、解放的でリラックスした授業になる。「解放的な雰囲気づくり」として、表2に4つの内容を挙げた。

表2　教師に求められる姿勢 [25]

No.	観　点	内　　容
1	解放的な雰囲気づくり	①指示・命令・禁止からの解放（最小限の支援）。 ②自然な語りかけ。 ③失敗の許容（判断の尊重）・正確さの不問・下手や失敗に対する不安や恐怖心の払拭。 ④激励と称賛。
2	主体的な活動の促進	①無理のない言語化、言語以外の支援の重視。 ②自由な表現・発展性・試行錯誤・創意工夫の保証。 ③個々の表現の受容と理解。 ④多様に認める場の確保・教室外への広がり（学校全体・家庭・社会）。 ⑤ダイナミックな活動の展開。 ⑥じゅうぶんな時間の確保。 ⑦活動量の保証。 ⑧過不足のない、タイミングを逃さない支援と評価。 ⑨表現意欲の喚起、能動的表現の保証。 ⑩集団効果への着目。 ⑪結果よりも過程の重視。 ⑫訓練的指導の克服。 ⑬行動修正主義からの脱却。
3	基本的なこと	①豊かな感受性・表現力・判断力及び共感力。 ②子どもの存在を最大限に保証。 ③教師の都合よりも、子どもの都合を優先。 ④一斉授業の克服。 ⑤柔軟な教育課程の運用。 ⑥長期の展望。 ⑦子どもの問題を他人事でなく、自分の切実な問題として自覚。 ⑧授業のあらゆる要素に対する根拠の確立。 ⑨教師自身の力量に対する不足感の自覚と、不断の授業研究。

2）主体的な活動の促進

子どもの学びは、主体的な活動を抜きには考えられない。主体的な活動を促進するためには、表3「題材（教材）の条件」のNo.5「主体的活動場面・課題解決場面」に掲げた、4つの内容が確保される題材（教材）の選定が前提条件となる。そのうえで、表2に13の内容を挙げた。

3）基本的なこと

「基本的なこと」は、「解放的な雰囲気づくり」と「主体的な活動の促進」のベースであるとともに、あらゆる授業のベースとなる。

教師の姿勢は教師の身体に染みついて、無意識ににじみ出る怖さがあるが、授業の具体的な事実を通して検証し、修正していかなければならない。でなければ、否定できる内容でないだけに、ただのペーパーになってしまう恐れがある。

授業では「授業内容」や「支援方法」と同じくらい、いや、それ以上に「教師の姿勢」が重要であるのに、検証がふじゅうぶんであることは否めない。

(3) 題材（教材）の条件

題材（教材）は、教師と子どもが学びを創造していく材料である。活動内容である題材（教材）が適切でないと、いくら支援方法に工夫を凝らしても、学びは頓挫する。特別支援学校では、学習内容である題材（教材）よりも発達や障害に関わる支援方法に目が向く傾向が強い。

学びを深め、子どもの主体的な活動を引き出すためには、題材（教材）にどのような条件が必要なのかを、徹底的な題材（教材）研究と授業研究を積み重ねて検証し、上書きし続けるしかない。

附属学校等の公開研究会における授業を参観しても、研究テーマとの関連が強く伝わってくる題材（教材）は少ない。指導案には題材（教材）の設定理由が書かれているものの、説得力のある題材（教材）の選定理由及びその根拠が伝わってくるものは少ない。活動内容に直結する題材（教材）の条件

表3 題材（教材）の条件[26]

No.	観点	内容
1	適度な難しさ（発達の最近接の領域）	①現在の能力で簡単にできる内容ではない。 ②教師や集団の支援があれば解決できる。
2	失敗の許容（判断の尊重） 過程・結果の明快性	①経過や結果が明快である。 ②やり直しが容易である。 ③繰り返し行うことができる。 ④原因がある程度考えられる。 ⑤試行錯誤が可能である。 ⑥見通しが持てる。
3	発展性・**多様性**	①易→難、少→多、小→大、粗→細、単純→複雑などの過程・段階・種類がある。 ②工夫の余地がある。 ③発想が生かされる。 ④道具を使用する（道具の難易度、種類など）。
4	**手ごたえ**	①材料（素材）に適度の、抵抗感、めりはり、大きさ、重さ、柔軟性などがある。 ②働きかけに応じる。 ③道具を使用する（道具の操作性）。 ④動作（全身、手腕、手指、足など）を伴う。 ⑤小さな力から大きな力まで対応できる。
5	主体的活動場面 課題解決場面	①任せる場面、判断を求める場面、やらざるを得ない状況などが確保される。 ②支援を受けながら、自分で考え、判断し、工夫できる内容が多く含まれる。 ③単純なことを繰り返す内容が含まれない。 ④指示されたことを、指示どおりに展開する内容ではない。
6	人とのかかわりと表現（**共同性**とコミュニケーション）	①相談・協力・報告・質問・発表など、表現する場が多く設定できる。
7	複雑な扱いへの対応 正確さの不問	①落としたり、投げたりしても壊れない。 ②誤差が許容される。
8	**成就感・責任感**	①一人で責任を持って行う内容が多く含まれる。
9	**活動量**の保証	①やり方の説明にあまり時間を要しない。 ②待つ時間が少ない。 ③**入手が容易**で、身近な素材である。 ④要求に応じられる内容（量）がある。
10	興味・関心及び**実態**への対応	①生活に密着している。 ②経験したことがある。 ③**発達段階や個人差・能力差**（段階的な指導）に合っている。

ゴシック体〜43頁「3）題材（教材）の条件を厳しく吟味する」参照

がきちんと整理されていないのに、どのような基準で題材（教材）を決めているのだろうか。

　題材（教材）の見直しは、相当なエネルギーを要する。従来の題材（教材）や教師の労力をあまり要しない題材（教材）を実施したほうが楽である。子どもの学びよりも、学校にある施設や設備に合わせていないだろうか、準備などに費やす労力を回避していないだろうか、教師の労力が空回りしていないかなどを、厳しく問い直す必要がある。

　学びを深めるために必要な題材（教材）の条件を確認し、題材（教材）の条件に合致しなければ、その題材（教材）は止める勇気を持たなければならない。

　表3は、発達に遅れのある中学部及び高等部の作業学習や生活単元学習を想定したものである。この表をベースに、当該の学部、学年、教科、領域などに合わせた「題材（教材）の条件」をつくり上げる必要がある。

　ただし、「題材（教材）の条件」が吟味され、題材（教材）がその条件をクリアしても、そのままでは子どもの学びに直結しない。題材（教材）が決定したにすぎない。教師自身が、決定した題材（教材）をどれだけ深く捉えているかにかかってくる。

　伊藤は、教材研究・解釈を「第一次教材研究・解釈」と「第二次教材研究・解釈」に区別している[27]。伊藤の考えによると、「第一次教材研究・解釈」は、自分が納得するまで長い時間をかけて徹底的に教材をかみ砕く作業であり、この作業を通して、教師の内部に"教えたいもの"が形となってくるもので、「第二次教材研究・解釈」の根底となる。また、この「第一次教材研究・解釈」は授業と直接の関係がなく、あらゆる角度から時間をかけて徹底的に教材を洗い出して解釈しなければならない。

　「第二次教材研究・解釈」は、「第一次教材研究・解釈」を受けて、具体的な授業をつくることを念頭に置いた教材研究・解釈とされる。「第一次教材研究・解釈」から、不必要なものを切り捨て、授業を組織するための核を明らかにしながら、授業を構想するのである。

そして、授業を実施し、「教えたいもの」が、子どもが「学びたいもの」に転化できたかを授業分析して、「教材研究・解釈」や「題材（教材）の条件」が妥当だったかを検証し、授業改善につなげる。

気が遠くなる「第一次教材研究・解釈」と「第二次教材研究・解釈」なくして、教師と子どもが共同で真剣に学ぶ授業を構想し、組織することはできない。

日常展開している自分の授業に、確固たる「題材（教材）の条件」が備わっているか、そして、「第一次教材研究・解釈」と「第二次教材研究・解釈」が徹底的に行われたか、質問されたらその根拠を明快に説明できるかが問われる。

(4) 待つための支援
1)「待つ」難しさ

結果を重要視するならば、指示や命令で子どもを動かせば簡単である。しかし、子どもは教師のロボットではない。子どもが試行錯誤しながら、何とか子ども自身が気づいて分かってほしいと多くの教師は願っているものの、実際の授業では案外待てないことが多い。

これは、「なぜできないの？」と、すぐにできないことを重要視するからである。できないから、すぐにできるための指示や命令をすることになる。

ここでは、教師は子どもの「できない」現象に着目し、「なぜできないのか」や「どうしようとしているのか」といった、子どもの内面には思いがいかない。だから、1分待つことも、とても長く感じる。

ところが、子どもがうまくいかないときに、自分のことのように受け止めて、子どもと一体となって子どもの気持ちを洞察しようとする教師は、試行錯誤の過程に意味を見いだし、わくわくドキドキして待ちながら、子ども自身が分かるための支援を考える。教師と子どもの両者が主体となって、共同しながら授業を創造していくのである。

2）段階的支援

子どもが「学ぶ」ことは、教師に指示や命令されたとおりにやることでも、教師が求める結果に早くたどりつくことでも、待たされることでもない。

また、子どもが持っている能力の範囲で簡単にできたり、一見楽しそうに活動するのは、真に「主体的」な授業ではない。

学習課題のクリアが目的ならば、教師が積極的に指示や命令や補助や介助をすればよい。これでは教師主体の、教師のための授業である。

子どもが葛藤や試行錯誤や創意工夫を積み重ねる過程で、子どもが自らの手で解決するために、子どもとキャッチボールをしながら、教師は回りくどい方法で最小限の支援をするのである。

より間接的な支援をして、様子をみる。それでも解決しないときは、もう一歩先の間接的な支援をしてみる。必要に応じて、支援の段階を上げていく。そして、子どもが気づいたら自分のことのように受け止め、喜びながら励ます。

回りくどい方法とは、すぐに課題を解決する方法（直接的支援）でなく、課題を解決するためのヒントを根気強く段階的に小出しする方法（間接的支援）である。積極的に間接的な支援をするのである。

表4は、「段階的支援」を構造化したものである。「共通的支援」は、段階的支援の各段階に共通する支援で、教室全体の雰囲気づくりにも大きく影響する重要な支援である。

表4には、指示や命令や禁止の用語はない。かといって、子どもに全面的に委ねて、教師が傍観するのではない。子どもの状況を見抜きながら、「静観」から「介助」に至るさまざまな働きかけを積極的に行うのである。

間接的支援が空回りしないためには、小出しするたびに「どう感じたのか」「どう受け止めたのか」「どう理解したのか」などの子どもの内面の動きを、教師が感受性を磨いて受け止めなくてはならない。

実際の授業では、表4を基に、題材と子どもの実態に応じた具体的な段

表4　支援の構造 [28]

1　段階的支援

段階		名称	内容
間接的支援 (高位水準) ↓ 直接的支援 (低位水準)	1	静観	・活動を見守る。
	2	発問	・問いかけて、気づくようにする。
			確認「それでいいのかな」など。
			観察「みんな、何をしているかな」など。
			想起「前はどうだったかな」など。
	3	再生	・生徒が話したことや行ったことを、そのまま繰り返して気づくようにする。
		点検	・それでよいかを本人に点検させたり、教師がいっしょに点検して、気づくようにする。
	4	比較	・周囲の状況や友達のやり方などを比較させたり、良い例と悪い例をやってみせたりして比較させて、気づくようにする。
		選択	・複数の選択肢から選ばせて、気づくようにする。
	5	修正	・望ましい言い方ややり方に気づかせたり、教えたりして修正させる。
		説明	・名称、理由、原因、意義、ポイントなどを教える。
		示範	・見本を見せたり、やり方をやってみせる（部分、全体）。
	6	補助	・できないところ、言えないところ、きっかけなどを補助する。
	7	介助	・手を添えて、いっしょにやる。

2　共通的支援

集中	・見るとき、聞くとき、話すときに、気持ちを集中させる。
促進	・うまくとりかかれないときや、ちゅうちょしているときなどに行動を促す。
激励	・励まして、意欲を高める。
称賛	・良い点を褒め、いっしょに喜ぶ。
相談	・友達や教師に相談させて、気づくようにする。

階的支援を考えてフローチャート化し、子どもの様子を見ながら具体的支援のカードを段階的に切っていくのである。

具体的支援は言語的な支援だけではない。言語的な支援が難しい場合は、非言語的な支援又は言語的支援と非言語的支援の両方が必要となる。それも、子どもに対する愛情が子どもにしっかり伝わる形で。

表5は、特別支援学校（知的障害）中学部1年生6名のクラス、田中己美子による生活単元学習の授業、ゲームの景品を包む「題材『どうやって包むのかな？』」の具体的な段階的支援である。表5の意義は、子どものつまずきをあらかじめ具体的に予想するとともに、段階的支援を構造化しているところにある。

表5は、「教師の願い」「予想されるつまずき」「つまずきに対する主な具体的支援（手だて）」で構成されているが、さらに、「子ども自身の願い」や「考えられるつまずきの原因」を加えるとよいだろう。

題材の内容に応じた「具体的な段階的支援」の表し方は、表5のようなもの、矢印で支援の順番を分かりやすくしたもの、本格的なフローチャートによるものなどが考えられるが、重要なことは授業を徹底的にイメージして、考えられるかぎりの具体的支援を構想して準備することである。

この準備によって、予想された活動が展開されたときは慌てることなく対応できる。更に、予想しない活動が展開されても、この表5を基に、臨機応変かつ柔軟な対応が可能となる。

表5のような具体的な段階的支援を基に授業を実施し、授業でどのような具体的な段階的支援をしたのかを記録し、評価する。この際、「子どもがどう感じたのか」「子どもがどう受け止めたのか」「子どもがどう理解したのか」などを、教師の鋭い感受性でどこまで推察できるかにかかっている。

第1章 子どもの「主体性」を問い直す 23

表5 段階的な具体的支援例 [29]

活動内容	教師の願い	予想されるつまずき	つまずきに対する主な具体的支援（手だて）
準備	・必要なものに気づいて、自分から準備してほしい。	・席を立たない。	2 発問：「みんな何してるのかな？」と話しかける。 4 説明：準備物の名称を確認したり、準備しないと仕事ができないことを教える。 6 補助：手をとって、立ちやすくする。
		・準備物を間違う。	1 観察：やる過程で気づくのを待つ。 3 注視：友達が準備しているのを見せる。 3 選択：準備物の中から、使うものを選ばせる。 3 相談：どうしてもうまくいかないときは、友達や先生に相談させる。 4 示範：見本を見せる。 5 指示：使うものを具体的に指示する。
		・どれを選択したらよいか迷う。	3 相談：友達や先生に相談させる。 3 選択：準備物の中から、使うものを選ばせる。 4 示範：見本を見せる。
	・やりやすい場所でやってほしい。	・狭い場所など、やりにくい場所でやる。	4 説明：全体に話す。 2 発問：「やりにくそうだけど、どうかな。」と話しかける。 3 注視：友達の様子を見せる。
	・できたら報告にきて、見せてほしい。	・話しに来れない。	4 説明：全体に話して、確認する。 2 発問：「できたらどうするのかな」と話しかける。 6 補助：話すきっかけや、言えないところを補う。
	・分からなかったり失敗したら、あるらめたり黙っていないで、友達や先生に相談してほしい。	・困っていることを自覚できない。	2 発問：「それでいいのかな」と話しかける。 4 示範：見本を見せて、違いを理解させる。 5 指示：言葉を添えてやり、最後まで言えるようにさせる。
		・困っていても、教師の助けを待っている。	4 説明：困ったときは自分から話すことを、全体に話しかけて確認する。 2 発問：「困ったときは、どうすればいいのかな。」と話しかける。 6 補助：話すきっかけや、言えないところを補う。

望ましい姿	気になる姿	支援
①困ったらすぐに気持ちを伝えてほしい。	・声が低かったり、発音が不明瞭だったりする。	4 説明：相手に伝わらないことを教える。 4 修正：望ましい言い方に気づかせ、修正させる。
②促されたり教えてもらったりして、言葉で表現してほしい。 ③大きな声で話してほしい。 ④望ましい言い方をしてほしい。	・言い方が乱暴になる。	2 発問：言い方がよかったかどうか問いかける。 4 修正：望ましい言い方に気づかせ、もう一度言い直させる。 4 説明：優しく話すように教える。
	・友達や教師に頼ってしまう。	4 説明：失敗してもいいから、やってみることの大切さを、全体に話して確認する。 3 注視：友達のやり方を見せる。 4 示範：見本を見せる。 5 指示：最後までやらせ、完成させる。
	・たとえ失敗したり、うまくいかなくても、自分なりに考えながら、思い切りやってほしい。 ・あきらめてしまう。	3 注視：友達の一生懸命な取り組みの様子を見せる。 4 相談：友達や先生に相談させる。 5 指示：友達や先生でやらせ、完成させる。 6 補助：取り組みのきっかけを補助する。
	・周りに気をとられる。	2 発問：「どこを見てるのかな」などと話しかける。 3 注視：友達の一生懸命な取り組みの様子を見せる。 4 説明：わき見をすると手が止まることなど、分かりやすく話す。
包装	・袋や紙が品物に合っていない。	2 発問：「それでいいのかな」と話しかける。 3 選択：適切なものを選ばせる。 4 示範：見本を見せる。
・きれいに包んでほしい。	・やり方そのものが悪い。	3 注視：友達や先生に相談させる。 4 示範：見本を見せる。 4 説明：やり方のポイントを教える。

第1章　子どもの「主体性」を問い直す　25

		・雑になる。	2 発問:「それでいいのかな」と話しかける。 4 示範:見本を見せる。 4 修正:望ましいやり方に気づかせ、修正させる。 4 説明:仕事はていねいにやらなければならないことを教える。
	自分が使ったものは、片づけてほしい。	・包むこと自体が難しい。	5 指示:袋に入れる仕事をやらせる。 7 介助:手を添えて、いっしょにやる。
		・片づけようとしない。	3 注視:友達が片づけているのを見せる。 5 指示:片づけるものを具体的に教える。
		・元と違う場所に返す。	2 発問:「そこでいいのかな」と話しかける。 4 説明:きちんと返さないと、次に使うときに困ることを教える。 4 修正:正しい場所を教え、修正させる。
後片づけ	ごみを片づけてほしい。	・ごみに気づかない。	3 点検:きれいに片づいているかどうかを、点検させる。 4 説明:ごみが落ちていることを教える。 5 指示:ごみが落ちている場所を示し、片づけるように指示する。
		・気づいてもやろうとしない。	2 発問:「どうすればいいのかな」と話しかける。 3 注視:友達が片づけているのを見せる。 4 説明:気づいたら自分からやることを教える。 5 指示:片づけさせる。

(5) 授業研究（会）の在り方

　「主体性」が「学び」と切っても切れない関係ならば、授業は授業研究（会）と一体のものである。ここで、「主体性」と「学び」と「授業研究」がつながる。

　どこの学校でも授業研究が行われていると思うが、「学び」に不可欠な質の高い授業研究が展開されているとは言い切れない。反論があるなら、以下を参考に、自分や自分たちの授業研究を総点検して課題を見つけ、必死に改善してほしい。

　教師の本音として、学習指導案を書くことや、授業研究会で勤務時間が割かれることを苦痛に思っている人は少なくない。たてまえとしては、授業研究会の意義を否定できない。授業研究会の意義や必要性を理解しているなら、教育の要である授業研究会が1年間に数回では説得力がない。

　授業に対する切実さがあって、厳しい議論に真の学びがあれば、授業研究会は苦痛にならないはずだ。

　学びは、子どものために行うのではない。よく、「子どものため」といってはばからない教師がいるが、それは教師として完成された人間が言うべき言葉である。

　では、完成された教師はいるのだろうか。否である。学びには、これでよいということはない。それなりの授業力があると思っている場合でも、授業を根底から問い直さなければならない。問い直す過程で、教師としての力量不足を思い知り、この力量不足を自分自身で埋めるために、自分自身のために、教師自身が学び続けるのである。

　そのためには、授業の課題が共有され、授業の本質に迫ることのできる授業研究会を、いかに組織できるかにかかってくる。活発な授業研究会の展開は、教師集団及び教師個人の授業力を確実に向上させる。形だけの授業研究会は、教師が負担に思うだけで、授業力の向上には決して結びつかない。

　授業研究会と授業力が不可分な関係である以上、授業力向上のためには、授業研究会の持ち方の工夫は避けて通れない。

1）外部講師（共同研究者）の招聘

学校の所属教員のみの授業研究会には、大きな限界がある。所属している教師の考え方の範囲でしか議論できないからである。頻繁に行われる校内の授業研究会は当該校の先生がたのみでかまわないが、授業の質的な改善を求めるなら、外部の視点が欠かせない。

外部講師で重要なのは、身内（当該の教育学部系教員、県教委の指導主事、県内の現職など）に限定しないことである。身近な講師だとしがらみもあり、率直かつ厳しい意見が期待できない場合が少なくないからである。

重要なのは、しがらみを断ち切り、研究対象分野のスペシャリストを地元に限定しないで探すことである。結果的に地元ならかまわない。

県外となると、当然、旅費や謝金の心配がある。だからといって、最初から県外の選択肢を捨てることはない。自費や少ない謝金など、赤字で喜んでくる研究者もいる。また、大学教員は比較的旅費に恵まれているので、所属大学の旅費を充てることも可能である。大学教員の研究旅費は、本来、このような使い方をすべきである。

2）不可欠な授業研究会の回数

授業研究会の定義にもよるが、月1回の実施は多い方で、学期1回程度あるいは1年間に1〜2回か、全く実施しない学校もあるのではないだろうか。

年に数回の授業研究会で、ほんとうに授業改善が可能なのだろうか。否である。では、なぜ年数回にとどまっているのだろうか。自分の授業が完璧だと思っている教師はいないのに、教師としての力量不足を深刻に受け止めていないからではないだろうか。自分はそれなりにやっている、課題はあるが精いっぱいやっていると考えている教師が多いなら、なお悲劇である。

青森県の三本木小学校は、公開授業と研究会を3年間で約330コマ（回）実施している[30]。三本木小学校では、同じ教師が同一の題材を複数回実施したり、大学の研究者や校長も積極的に授業している。

大学の研究者との共同研究会を1年間に24日間、共同授業研究を1年間

に21回実施している京都の小学校もある。

　3年間で約330コマ（回）をどう考えるのか。人ごとのようにすごいと思ったり、うらやましいと思ったりして、自分たちが実施しない言い訳にするのか。それとも、それだけの回数が可能だった理由は何だったのか、どのような成果や問題点があったのかなどを調べて、最大限の実施を模索するのか。

　むろん、授業研究会で重要なのは回数ではなく質であるが、3年間で約330コマ（回）も実施した背景と意味を考えないわけにはいかない。

　授業研究会が重荷とならないためには、授業研究会の進め方を研究し、現在行われている授業研究会の見直しが必要となる。

　3）自主的な参加

　研究は強制されるものではない。日常においても、遅くまで教材研究したり、休日でも教材研究している先生は多い。授業研究会も、強制されるべきものでなく、自主的かつ自発的に行われるべきである。

　4）参加者全員の感想や意見の反映

　授業研究会では、ややもすると、発言者が偏る傾向は否めない。発言しないからといって、その教師や先生がたの発言に対する感想や意見がないわけではない。発言者が偏るなら、あまり発言しない人の感想や意見を引き出す対策を講じる必要がある。

　教師は、授業研究会や会議の進め方は決してうまいとはいえない。先駆的な学校や、民間企業から学ぶべきである。

　①　授業参観記録用紙の導入

　授業参観の観点を示さず、自由に記録してもらう方法もあるが、それでは授業の本質に迫りにくい。

　授業の本質に迫るためには、「授業参観記録用紙」は内容が重要となる。授業の課題を明らかにするための観点が、具体的に明示されていなければならない。観点が授業参観の鍵を握るので、改善の努力は欠かせない。

　「授業参観記録用紙」は、授業研究会の前に印刷して全員に配布する。現

在はパソコンがあるから、必ずしも手書きでなくてもよい。ネットワークでつながっているパソコンなら、集計や印刷も容易である。

　表6は、知的障害の養護学校中学部1年の生活単元学習のものである。授業者が試行錯誤しながら、この「授業参観記録用紙」も考えている。参観者全員が提出する。表6は、筆者が書いたものである。ある意味、大変厳しい内容になっている。

　授業参観記録によって、全員の考えが把握でき、発言者の考えより分からない研究会の弱点を克服できる。討議の柱にも反映できる。授業研究会の効率的な進行にもつながる。印刷して配布することを前提としているので、参観者も真剣に授業を見て記入することになる。

　表6及び表8（53頁）は、田中已美子による生活単元学習の授業である。表8からは、子どもに寄り添いながら、学びを深めていったことが強く伝わってくる。

　ところが、表6は表8から4カ月後の実践であるにもかかわらず、授業参観記録表によって、課題の多い授業であったことが分かる。題材（教材）の課題が大きく浮かび上がったのである。表6及び表8の授業は、題材（教材）や段階的支援を同じように考えて臨んだのにである。

　このように、授業がいつもうまくいくとは限らない。よい授業をすることが、目的であってはならない。授業の課題を明らかにし、その課題と真剣に向かい合い、必死になって授業改善していくことに意味がある。

　授業参観記録は、教師側の問題が主となるのは当然である。授業参観記録は、参観者の授業を見る力がいやがおうでも反映される怖さがあるが、自分が感じたことを率直に書くしかない。授業に深く迫るためには、一般論や印象論や抽象論を克服しなければならない。授業の具体的な事実（こと）から根拠（わけ）を考えるとともに、具体的な改善案も根拠（わけ）を示して記載することが求められる。

表6 授業参観記録例

中学部1年 生活単元学習「自分だけのアルバムを作ろう」
学習内容～見本や説明を手がかりに、アルバムを作る（自分の写真を受け取り、行事ごと、期日順に分けて、台紙に写真や行事名やコメントを貼る。）。

	授業参観の観点	考察（気がついたこと・根拠・具体的な改善方法など）記入者（成田）参観時間（全部）
実態把握	教師の願い、発達の視点、課題の把握、適切さ、障害特性への配慮、個人差への対応	・何に気づいてどう解決させたいのかという教師の願いが、強く伝わってこない。願いはあるが、題材と難儀し、空回りしている。
課題　内容	判断の尊重（失敗の許容）、発展性、多様性、活動内容や過程の豊富さ、成就感、表現場面の確保	・失敗の許容が弱い。成就感が弱い。・写真の分類って？と問うと（シールでしるしを付けるとか、もっと確かめやすい）、文字や絵図の袋を用意するとか、もっと確かめやすい。・アルバムめくり～切れやすく、シワもできるし、かつシワが目立たず、修正しにくい。
材　能動的活動	任せる場面、判断を求める場面、やらざるを得ない状況、表現する場面、解決の見込み	・要素が多すぎる。何を学習課題とするのか、要求する課題を焦点化すべきである（目標と手だてに直結するだけ）。・説明が多い。写真の分類しはじめたのが11:04頃。もっと手腕や全身を使った活動に早く入るべきである。
教材・教具	材料、素材の使用、操作性、素材の使用、道具の使用、発展性、多様性、量、手ごたえ	・材料写真、アルバム、ゴムはあるが、道具を使っていない。道具の使用はポイント。薄く軽い写真、薄いアルバムカバー、薄く小さい行動カードなど、動きが細かく、手ごたえが弱い。
実態把握	障害特性への対応、個人差への配慮、課題と手だての適切さ、行動の解釈	・つまずきに対する分析が弱いため、具体的手だての焦点化が今ひとつとなっている。
指導	静観、発問、再生、点検、修正、示範、選択、相談、補助、介助、集中、促進、激励、称賛、これらが適切に行われたか	良い点・間違っても受容している。できるとちゃんと褒め、意欲を高めている。生徒が分かりやすい言葉に置き換えている（おどり、リスザルなど）。生徒によっては、写真を2回に分けて出してあげた。課題・言語教示に偏っている。抽象的な言語教示がある（生徒が分かっていない）。

手だて・支援	タイミング、間、リズム、口調、表情、しぐさ、全体と調和、参加気づくり、TTの連携、分担	H児が分類を終了してから、T「ここに写真置いていいかな」T「じゃまじゃない」→台紙を渡してからやらせたら気づくのでは。・机以外の場所でやるとやりやすいと気づかせたいなら、半端にせず、最後まで関わるべきである。・貼り方をもっと考えたり、やりやすくすべきであるが、アルバムに貼らせる前に、アルバム大の紙に置いて考えてみて考えを決めさせるとか、貼る行事の写真だけ出させるとか、教師の分類は困ると思っても、生徒は困ると感じていない。・T1が忙しく、対応しきれていない（TTの分担と学習内容の両方に問題）。
生徒の取り組み	意欲、自発性、自主性、集中力、判断、気づき、創意工夫、試行錯誤、対人関係、協力、発言、相談、報告、意思表示、表情、成就感、自己評価	・写真そのものには興味を示し、いちおう取り組んでいるが、学習課題が合っていないために試行錯誤や表現や成就感に欠ける。・H児は早く分類できたのに、その先をやらずに、そのまま待つ時間が長かった。
指導案	（設定理由）目標と評価の構造、手だての明確さ、論理の一貫性、表記	・「生徒の実態」は、表現力、課題解決能力、主体性などの内容を表示したらどうか。・主題名は、もっと気持ちの出るものに。つまり、何をやるのでなく、どうやるか、方向性のにじむものに。「自分だけのアルバムを作ろう」の「自分だけ」を、「お気に入りの」又は「かっこいい」とかに。・詳しくしてとてもよいが、整理が必要である。例えば、学習過程に個々の手だてが加わるスタイルにするとか、フローチャートや記号を使うとか、支援の名称と段階が分かりやすいようにするとか。・指導案は必要だが、研究発表のための授業ではないか。検証したいものを具体化した資料が何よりも必要（授業内容に応じた具体的な個々の課題と支援の方法など）。つまり、授業者が授業のイメージをとことん明確にし、参観者がそこに絞って、それでよいかを考え、話し合う。指導案と両方、でなければ仮説の検証だけでも、全体を網羅していて、この記録表も広く見るべきではないか、検証も、手だてに絞らず、言語表示に限定したものを考えるべきではないか、さらに絞る必要がある。つまり、参観者に何を見てほしいのか。
そのほか		

②　グループ討議の導入

　発言者の偏りを防止するためにグループ討議を導入し、参加者全員が発言する機会を保証する。ただし、グループ討議はある程度の習熟を必要とするので、いきなりの導入は難しい。充実したグループ討議の経験者がいれば、導入しやすい。

　ポストイットによる、全員参加型の授業研究を試行している特別支援学校がある。この方式は、参加者全員の感想や意見が反映しやすい。ただし、授業参観で感じたことを自由に出し合うことは大切だが、授業で何を究明したいのか、それをどのような観点から迫るのか、究明したことが授業全体や教育観にどのように反映されるのかなどが明確になっている必要がある。

　いずれにしても、子どもの深い学びに迫るための授業構想を求めて、教師全員が参加できる方法をさまざま模索すべきである。授業後の立ち話、授業参観記録用紙やポストイットによる記入と活用、グループ討議の導入などを通して、お互いが学ぶ充実感を積み重ねていく必要がある。

　授業研究は厳しいが、個々の教師にとって不可欠なものにならなければ、子どもに深い学びは創造されない。

5）議論の焦点化

　授業研究会で、授業者への謝辞や慰労の言葉を述べて、貴重な時間を割くことがよく見られる。授業者への謝辞は、当然である。これをわざわざ、授業研究会で言う必要はない。

　一人発言すると、後の発言者が繰り返してしまう。外交辞令も必要がない。これらは、時間のむだであるだけではなく、厳しい議論をしにくい雰囲気の醸成になりかねない。

　表面的な印象論や一般論や抽象論に終始したり、発言する人がいなくて指名せざるを得なかったり、議論が拡散したり、表面的な質問と回答が繰り返されたり、終了時刻を気にしたり、となると最悪である。

　前述のように、参加者全員の感想や意見を反映できる工夫をしても、議論が焦点化して深められるかは、司会者の力量が大きく左右する。

一般化・抽象化された意見は限りなく正論に向かうので、それ自体に異論が出にくくなる。議論を深めるためには、事前に想定してある討議の柱に、当日提出された参観者全員の授業参観記録を加味して、討議の柱を決める。

表面的に教え方を変えればよいレベルではなく、授業の事実（こと）に基づいて、根拠（わけ）のベースとなる理由が明らかになるレベルまで議論できるかが重要となる。教師の本質的な人間観・教育観は、簡単には変わらない。変わるべきは指導技術ではなく、学びを深めるための人間観・教育観である。

授業研究会ではあるが、司会者が教師で、他が子どもに例えられる。まさに、授業である。司会者が、どこまで授業構想（授業研究会で議論を深めるための構想）ができているかにかかっている。最初からうまくいくとは限らない。経験を積み重ねながら、他に学びながら、教員全員が議論を深めるための進行術を身に付けていくしかない。

6）授業記録の在り方

授業改善の手がかりと、子どもの変容及び学習課題を明らかにするために、多面的な授業記録が求められる。授業記録の手段も、言語のみならず、映像や音声も駆使したい。一単位の授業がベースとなるが、個人ごと、回数ごと、年ごとなどの授業記録も必要となる。長いスパーンで見ることも重要となるので、学部や学級が替わっても、子どもの学びの履歴を確実に引き継ぐ必要がある。

また、授業記録に当たっては、何を記録するのか、子どもにどんな姿を期待するのか、授業で何を大事にしたいのかが明確になっていなければならない。この場合、授業記録の観点が重要となるのは言うまでもない。

さらに、子どもに関わる授業記録は子どもの気持ちを推測し、「子どもがどのように感じたのか」「どう受け止めたのか」「どう理解したのか」「何を学んだのか」「伝えたいことがなかったのか」などを、子ども主語で書くことが求められる。保育園や幼稚園で取り組まれている「エピソード記録」なども参考にしたい。

表面的な現象だけ見てはいけないし、表面的な現象にとらわれてもいけない。教育現場で支配的な自然科学的帰納に[31]よる心理学的手法は、目に見える意識の現象の概念化・数値化された範囲でしか論ずることができない。そこで、目に見える現象はもちろん、目に見えない現象における、「肉体（身体）の働き」「心情の働き」「精神の働き」を揺るぎない確実さで洞察できなければならない。

「こころ」と「からだ」の二元論が支配的な現代社会では、教師に限らず、「心情」と「精神」の混同及び同一視が多く見られる。

クラーゲスによると、心情は肉体とともに生命の担い手で、生命に備わっているものであり、精神は自我としてあとから生命に闖入したものとされる。そして、肉体と精神を結びつけるものが心情であるとしている。

クラーゲス思想の核心は、主著のタイトル『心情の敵対者としての精神』[32]からも分かるように、精神が心情及び生命を脅かすものと捉えて鋭く追求している。精神が心情に従属し、精神と心情が調和すれば生命が躍動して豊かな文化が生まれるのに対して、精神が心情と敵対し、精神が心情を支配すれば生命及び人類は危機的な状況に陥ると警鐘している。

授業記録には、教師の人間観・教育観が反映される。教師が精神の働きである指示や命令や禁止などを強めて、子どもを無理に目標に引き上げるのではなく、子どもの生命に寄り添いながら、子どもの生命に傾聴・共感・感動して学びを育むことが重要である。

(6) 子どもの主体的活動と学習指導案

教師は教材研究して、授業の具体的な構想を学習指導案としてまとめることになる。学習指導案の様式に絶対的なものはないが、「指導」が「支援」になったり、子ども主語の記述（「～させる」を「～する」になど）になったりしてきているものの、共通した様式があるのも事実である。

その基本的な様式は、①単元（題材）名、②単元（題材）設定の理由［子ども観、教材（題材）観、指導観］、③単元（題材）の目標、④子どもの実

態・目標・手だて、⑤指導計画、⑥本時の学習（主題名、全体及び個人目標、学習過程又は展開［区分、学習活動、指導（支援）上の留意点、資料・教具（準備）］、評価）となっている。

　特別支援教育の学習指導案は、小学校や中学校の学習指導案と比較すると、単元（題材）設定の理由が詳細に述べられるとともに、子ども個々の実態と目標及び支援方法が詳しく書かれ、一人ひとりにウエイトが置かれている。小学校や中学校の学習指導案は荒すぎる傾向があるが、特別支援教育の学習指導案は詳細でボリュームが多い傾向がある。ボリュームの多さと、「子ども主体の活動」の構想が比例しているとは限らない。

　1）目標や評価が子どもの主体的な活動と密接につながっているか
　教師が学習指導案を書く場合は、想定する活動内容を基に、学習指導案の様式に沿って書くことが多いのではないだろうか。これ自体、間違いではない。

　しかし、ある詳細な学習指導案を詳しく点検したところ、「目標」と「活動内容」と「評価」が一致しなかったし、「目標」と「評価」に説得力が感じられなかった。

　子どもの生き生きした活動の姿をイメージできれば、「目標」と「評価」も実感できるものとなるはずである。同時に、「目標」と「評価」から、子どもの主体的な活動の姿が思い浮かぶはずである。

　この原因として考えられるのは、授業構想がふじゅうぶんであるとともに、「構造的・図式的に構想する」ことに考えが及ばなかったことがあると思われる。

　学習指導案を書く際は、子どもの実態を踏まえて、徹底的に教材研究する。そして、「具体的な子どもの活動」と「教師の支援」を想定する。授業構想で最も重要なものは、子どもが学びを深めるための「子どもの活動」である。予想される全ての「具体的な活動」を明らかにし、その中から「子どもの主体的な活動」として展開できるものを洗い出す必要がある。

　この「子どもの活動」と、「目標」「教師の支援」「評価」を「構造化・図

式化」し、概観することによって、授業設計の過不足や全体像が明確になるとともに、「目標」や「評価」も必然性のあるものとなる。

　2)「子どもの活動」がイメージできるものに

　特別支援教育の学習指導案は、設定理由、個人の実態や目標、支援方法などが詳細に記述されている反面、重視すべき「子どもの活動」がふじゅうぶんであることは否めない。「学習活動」は、その性格上、「何をするか」の「内容」のみ書かれていることが多い。「指導（支援）上の留意点」も、おのずと「何をするか」に対して書かれることになる。教師が準備した活動内容が書かれているだけで、教師が準備した活動内容に対しての具体的な「予想（想定）される子どもの活動」の希薄なものが多い。

　一方、保育園や幼稚園では、「環境構成」「予想される子どもの活動」「保育者の援助及び留意点」が一般的である。特別支援教育の「学習活動」が、保育園や幼稚園では「予想される子どもの活動」になっている。この「予想される子どもの活動」には、子どもの活動内容を羅列するのではなく、それぞれの活動に子どもたちがどのような反応や行動をするのかを具体的に予想し、子ども主語（子どもの立場）で書くことが求められている。

　保育園や幼稚園の優れた保育指導案を見ると、子どもたちの活動が生き生きと浮かび上がってくる。保育園や幼稚園の「予想される子どもの活動」は、授業構想がしっかりできていないと書けないが、特別支援教育でも学ぶ価値がある。

　3) 支援は具体的に

　特別支援教育の学習指導案の多くは、「指導（支援）上の留意点」に、子どもに対する支援の一例が書かれることが多い。しかし、「確認する」「工夫する」「言葉がけする」「褒める」「伝える」「示す」「促す」などの記述はあっても、それぞれ具体的に「どのようにしてするのか」が書かれているものは少ない。

　支援は子どもの具体的な活動に対して、具体的に行うものである。表5のように、予想されるあらゆる支援の具体的な構想がなければ、支援を具体

的に書くことはできない。むろん、学習指導案に全ての支援方法を書くことは不可能なので、重要なものの記載でかまわない。

いずれにしても、事前に授業構想がどこまでできているかが問われる。

4）学習指導案に記載すべき内容と別にすべき内容の検討

特別支援教育の学習指導案の傾向として、重要な「学習過程又は展開」よりも「単元（題材）設定の理由」「子どもの実態・個人目標及び手だて」「指導（支援）上の留意点」などに比重が置かれている。「単元（題材）設定の理由」「子どもの実態・個人目標及び手だて」「指導（支援）上の留意点」「予想される具体的な活動」「表5のような資料」などは詳細に検討して、授業のエビデンスとしてきちんと整理されなければならないのは当然である。これらの全てを学習指導案に組み入れるのは無理があるので、学習指導案には簡潔に記載し、詳細なものは別に用意したい。

そして、「学習過程又は展開」をメインとした学習指導案にするとともに、「学習過程又は展開」がよりリアルかつ詳細にイメージできる学習指導案を志向する必要がある。

また、学習指導案は授業公開を前提としているので、当該の授業の「子どもの主体的な活動」や「授業者の意図」を反映した「授業参観の観点」を学習指導案に記載してもよい。

いずれにしても、複雑化傾向の強い特別支援教育の学習指導案は、見直す必要がある。学習指導案に記載すべき内容と、学習指導案とは別にすべき内容の検討が必要である。

3　作業学習と子どもの主体性

(1) 体性感覚の重要性

　教育は、座学よりも、身体全体を使った学習がもっと重視されるべきである。発達年齢が低い場合は、なおさらである。特別支援学校で、遊び学習、生活単元学習、作業学習などが多い根拠といってもよい。

　しばしば、「五感で感じる」とか、「五感に訴える」とか、あるいは「五感を総動員して」とか言われる。この場合の「五感」は、おそらく、「全ての感覚」の意味で使われていると思われる。しかし、「五感」は、「視覚」「聴覚」「味覚」「嗅覚」の感覚器官が局在した4つの「特殊感覚」と、「体性感覚」の中の「皮膚感覚」の一部である「触覚」を意味するにすぎない。

　「体性感覚」は、「運動感覚」と「皮膚感覚」の「触覚」「圧覚」「温覚」「冷覚」「痛覚」で構成される。図1及び図2からも[33]、「運動感覚」と「皮膚感覚」が絡まる「体性感覚」は「特殊感覚」と「内臓感覚」をつなぐ重要な感覚であり、生命全体が生き生きと活動する鍵を握る重要な感覚であることは明らかである。

　よって、「五感」ではなく、「全ての感覚」「五感を含む全ての感覚」「五感や体性感覚を含む全ての感覚」又は「特殊感覚と体性感覚」と言うべきである。

　目で見て学習するのではなく、身体で学習することの意義は、ただ身体を動かせばよいのではない。「五感」はもちろん、「運動感覚」などを使って運動野と連携しながら身体を動かし、試行錯誤しながら手ごたえを感じて、じっくり取り組むことにある。

　認識は身体を動かしながら、行動的

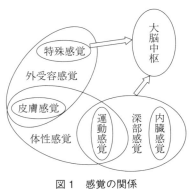

図1　感覚の関係

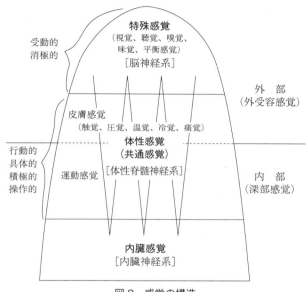

図2　感覚の構造

で具体的かつ操作的な活動を抜きには考えられない。「体性感覚」は一般的に使われている用語とは言いがたいが、教育における「体性感覚」の重要性を認識すべきである。体性感覚への働きかけを抜きに、子どもの主体性は考えられない。

作業学習は教育課程で多くの時間が割かれているだけに、「体性感覚」に働きかけながら、子どもが主体性を発揮して学びを深める作業学習になっているかが問われる。

(2) 作業学習の目標

作業学習は、社会的自立つまり働くことを目指して、極めて多くの時間が充てられている。「製品づくり」から販売に至る経済活動が再現され、社会生活に適応するためのスキルの獲得が重要視される。

作業学習が行われる教室は、現場が模擬的に再現され、子どもが主体的に

学ぶことよりも製品の完成度及び正確さが求められるため、個人差への対応の下に、失敗しないための補助具がさまざま工夫されることになる。

ここでは、指示にしたがって素直に行動することや、報告などが重視される。就職先の環境をそっくり再現しても、所詮模擬であり、現場で通用しないのは明らかである。

同じことを繰り返し行うことの重要性は否定しないが、安易にいつまでも同じ作業内容を繰り返していてはいけない。一定の目標をクリアしたら、作業内容の変更は相当なエネルギーを伴うが、作業内容を変えて、子どもを激しく揺さぶるべきである。

作業学習の目標は、不良品のない製品をたくさん作ることでもなければ、作業に必要な作業態度や作業習慣の形成でも、作業に必要な知識や技能の習得でもない。作業を通して、体性感覚を揺さぶりながら、精いっぱいの取り組みを通して、自分から考え、判断し、行動する力を育むことにある。この目標は、教育全般及び学校生活全体のあらゆる活動を通して、追求されなければならい。

自立的な生活は、狭義の働く生活ではない。さまざまな問題に遭遇したとき、状況に立ち向かい、試行錯誤しながら解決を図る生活である。状況を判断し、どうすればよいのかを考え、実行できる力である。自力で解決できる場合もあれば、周囲の力を借りなければならない場合もある。

文部省は[34] 作業学習の目標として、意欲、成就感、責任感、集中力、協同性などを挙げているが、自立的な生活を目指す作業学習の目標は、主体性、判断力、思考力、表現力、課題解決能力が核心とならなければならない。

松岡武も、精いっぱいの主体的な作業学習を通して得られる成就感こそ子どもを高めると、次のように記している[35]。

> 「やったぞー」「できたぞー」という腹の底から沸き上がってくるような成就の喜びが、何ものにも屈しないたくましい人間を作るものである。ところでこ

のような感動的な成功感は、押しつけの課題ではなく、そして自分の持てる力のすべてを出しつくして頑張れば成就できるような課題に、他人の力を借りることなく自力を出しつくして当たり、それを見事になしとげた時に生まれるものなのである。……

　すべての子どもたちに、しびれるような成就のよろこびを味わわせ、それによって子どもたちの生命の巣をゆさぶり、ふるいたたせるものでなければならない。自らの努力の跡を、目のあたりの事実として見とどけられる作業には、具体的で生々しい成就感を感じさせるメリットがある。そのためのすばらしい作業学習は子どもの人格を根底から変容させるのである。

(3) 作業学習の常識に対する疑問
1)「製品づくり」は必須条件か

「作業学習では…完成度の高い製品を目指すために…作業学習では製品を作る作業活動が学習活動となる…」（文部省 1995）、「販売に耐える完成度の高い製品・生産物を量産することを目指したい」（千葉大附養 1992）と、「製品づくり」が常識となっている。

　後述する「製品づくり」ではない題材「廃材の整理」には、先生がたの拒絶反応が少なからずあった。子どもの主体的な学びを理解せずに、作業学習の常識である「製品づくり」ではなかったからである。だが、「製品づくり」には以下の課題がある。

①失敗しないための工夫（補助具など）を、優先しやすい。

②子どもの失敗に対する注意が、多くなりやすい。

③教師の指示の範囲での活動（子どもの姿を借りた教師の活動）になりやすい。

④補助具の弊害（精いっぱい取り組まなくても比較的簡単にできる、失敗や試行錯誤が保証されにくいなど）が出やすい。子どもができるように工夫し、子どもができるようになっても、子どもが理解して成長したとは限らない。

⑤作業が単調になり、パターン化・マンネリ化しやすい。

⑥作業量や正確さが、目標になりやすい。
⑦子どもにとって、活動内容の必然性・切実感が希薄になりやすい。

「製品づくり」を否定しないが、「作業学習＝製品づくり」ではないはずだ。「製品づくり」を優先すると、立派な製品はできても、指示されてやらされる活動に陥りやすい。緊張感を持ちながら精いっぱい取り組み、試行錯誤を通して、主体的に考え、判断し、実行し、解決していく活動にはなりにくい。

重要なことは、「製品づくり」か否か、量産か否か、工程化して分業するか否かではない。作業を通して、子どもが主体的に学びを深めながら、目標の核心に迫る作業内容になっているかどうかである。

2）活動の「前（説明・確認）」と「後（反省・評価）」の時間は必須か

授業参観で、活動の前後の時間が長く、活動時間があまりにも短くて閉口したことがある。活動の前後の、説明、確認、反省、評価は簡潔に行い、その場を捉えた指導を重視すべきである。

せっかくの活動の時間が、教師の一方的な主導による座学によって奪われている。活動の前後の時間が、疑いもなく、毎回同じように、長い時間を割く必要はない。

かたどおりの説明をし、かたどおりの活動をし、かたどおりの評価をさせられていないか。子どもは説明を聞いて、言われたとおりに作業させられていないか。結果的に待つことの多い授業になっていないか。これらを厳しく点検する必要がある。

(4) 子どもが主体的に取り組む緊張感のある作業学習

1）授業構想を徹底的に練り上げる

あらかじめ、予想されるあらゆる活動に対して、次の①～③が明確になっていなければ、その場しのぎの支援になりかねない。

学校として、その作業種目のために専用の部屋を確保し、設備を整え、継続して長年取り組んでいる作業種目なら、なおさらに蓄積・整理されていな

ければならない。
　①活動内容（工程）ごとに、どのような具体的な活動を期待するのか。
　②それぞれの活動において、具体的にどのようなつまずきが予想され、つまずきの原因として何が想定されるのか。
　③個々のつまずきに対して、どのような具体的支援を段階的に行うのか。
 2）徹底的な授業分析によって題材（教材）・支援を見直す
　真に子どもの存在があったのか、教師の授業構想と子どもの活動にズレがなかったかを徹底的に検証し、題材（教材）と支援の在り方を追求する。
　題材（教材）に問題があれば、作業種目の変更も視野に入れる。設備の整った作業種目も、聖域ではない。
　支援に課題があれば、授業の事実に基づいて、支援の在り方を具体的に議論する。その際、支援方法に相違があれば、「その支援方法を選んだ考え方」及び「教師に求められる姿勢」にまで及ぶ議論を展開する。でなければ、表面的な方法論や指導技術論に終始し、教師自身の本質的な変容は望めない。
　授業研究は、ハウツーを得るためにあるのではなく、教師自身の人間観や教育観にまで迫らなければ意味がない。
 3）題材（教材）の条件を厳しく吟味する
　『作業学習指導の手引（改訂版）』（文部省）によると、作業種目選定の要件は、表3（17頁）の**ゴシック体**に、「教育的価値の高い作業内容等を含む」「地域に立脚」「安全性・健康的」「作業量・作業の形態・実習期間への適切な配慮」「『生産→消費』の理解容易」「製品の利用価値が高い」の6つが加わる。
　文部省の作業種目選定の要件には、作業学習で重視すべき、表3の「No.1　適度な難しさ（発達の最近接の領域）」「No.2　失敗の許容（判断の尊重）、過程・結果の明快性」「No.5　主体的活動場面、課題解決場面」「No.7　複雑な扱いへの対応、正確さの不問」の4点がない。文部省の「製品づくり」を前提とする作業学習の考え方に照らすと、当然の帰結である。
　しかし、作業学習で目指すべき目標を考えると、文部省の「作業種目選定

の要件」にはない、この4点が重要であるのは明らかである。
　4）すぐに「できる状況づくり」を克服する
　どの子どもも精いっぱい取り組んで、何とかできるようになってほしいという教師の願い自体は間違ってはいない。
　しかし、作業学習の多くは「製品づくり」が目的化するため、製品の完成度や生産性や効率が求められ、失敗が許容されにくい現状にあるのは否定できない。そのため、「できる状況をつくって、すぐにできるようにする。」[36]ことが、おのずと重視される。
　このような作業学習では、失敗しないために、安易に補助具が使われたり、失敗の少ない工程を担当させられることが少なくない。木工を例にとると、正確に切るための補助具だったり、切断したあとのヤスリがけだったりする。
　「製品づくり」が目的化した作業学習では早くできること、つまり、教師が想定する結果（完成度）に早くたどり着くことが求められるため、子どもが持っている力をありったけ発揮して、じゅうぶんに試行錯誤しながら分かってできていく過程にはなりにくい。
　子どもは、失敗しないための補助具が使われる工程や失敗の少ない工程でも、それなりに精いっぱい取り組むことになる。しかし、子どもが精いっぱい取り組んでいるように見えても、限定された範囲でこなしているのであり、確かな「学び」が存在していないことは明らかである。
　同じ木工でも、しょうぶ学園（鹿児島市）は多種類の木工製品を販売しているが、大人から見れば傷にすぎない痕跡を、誰もがまねできない味わいのある模様として生かしている。精いっぱい取り組んだ結果としての、意味のある痕跡である。「製品づくり」に、入所者の興味や能力を生かしているのである。「製品づくり」の学習内容を考えるうえで、大きな示唆が得られる。
　また、学校の作業学習は教師によって所属班が決められることが多いのに対して、しょうぶ学園では布、木、土、和紙の4つの工房から入所者が選んでいる。入所者の都合を優先するのである。つまり、施設の職員が押しつ

けるのではなく、入所者がやりたいもの、興味があるものに取り組ませている。

「製品づくり」ではない高等部の作業学習の実践例（題材「廃材の整理」）は、後述する。

　5）間接的かつ段階的支援を徹底的に構想する

「表4　支援の構造（21頁）」を基に、子どもに寄り添いながら、作業内容に合わせて、具体的な支援カードを段階的に切って、子どもが自ら課題をクリアできるようにしなければならない。

　6）子どもが信頼する教師の姿勢を追求する

子どもが教師に対して心を開き、信頼関係を築くためには、「表2　教師に求められる姿勢（15頁）」が不可欠である。授業を通して、自然ににじみ出なければならない。

(5)「製品づくり」ではない作業学習の実践例

　1）題材「廃材の整理」

　①　題材の内容

建築廃材を自分で選び、クギが残っている場合は抜いてから、一定の長さにノコギリで切り、一定量をまとめて縄で縛る。「クギ抜き」「ノコびき」「ヒモ縛り」で構成される。

整理した廃材は、自分たちが作った土粘土作品を薪窯で焼成するための燃料として使用される。

　②　題材「廃材の整理」における「題材（教材）の条件」の分析

　ア　材料の確保が容易

・ガスや石油や電化製品の普及及び温暖化対策に伴い、建築廃材は処分に困っているので、運搬の労力さえ惜しまなければ、いくらでも確保できる。

・大量の廃材は、いくら作業しても簡単にはなくならない。

　イ　実感が持てる手ごたえ・全身活動

- 廃材は硬いので、加工時の抵抗が大きく、働きかけによる手ごたえを実感しやすい。
- 加工時に使用するさまざまな道具は、集中力を必要とするとともに、全身を使うので、全身の協応動作を高める。
- ノコギリで切る、金ヅチでクギをたたく、バールやペンチでクギを抜く、ヒモで縛るなどの基本動作を中心に展開される。

ウ　粗雑な扱いや不正確さの許容
- 廃材は落としたり、投げたりしても、割れたり折れたりする心配がない。
- 燃料として使うので、クギが折れても、廃材が割れても支障がない。ノコギリで切る長さも、誤差は許容される。束ね方も、ヒモがほどけなければ困らない。結び方が緩ければ、結んだあとに同じ長さの廃材を挿入することによって修正できる。

エ　多様性の確保
- クギは細太及び長短があるうえに、曲がりぐあいやさびぐあい及び頭の有無などの変化に富んでいる。簡単に抜けるクギもあれば、力や工夫を必要とするクギもある。クギの状態は同じものがないので、抜き方もさまざまに考えられる。
- 廃材は細太や薄厚や軽重及び長短があり、松、杉、桧などの種類や硬さ及び乾燥や腐食ぐあいなどもさまざまである。
- 廃材の重さや太さや長さによって、クギを抜いたりノコギリで切る際の場所や材料の押さえ方も多様に考えられる。
- 使用頻度が多い、ノコギリ、バール、金ヅチは、廃材の状態に応じてサイズを変える必要がある。さらに、ペンチやドライバーや木片などが必要となる場合もある。

オ　難易度への合致性
- クギは簡単に抜けるクギから、極端に抜けにくいものまでそろっている。

・廃材は簡単に切れるものから、切りにくいものまでそろっている。
カ　過程・結果の明快性
・クギが「抜ける」「抜けない」、廃材が「切れる」「切れない」が一目瞭然である。
・働きかけに対する明快な結果は、確認が容易で、課題解決に向けた手がかりとなる。
キ　責任感・成就感
・クギ抜き及びノコびきは、基本的に一人で責任を持って行う。クギや廃材の形状が一定ではないので、常に集中力を必要とするとともに苦労を伴う。それだけに、責任感や成就感を深めやすい。
ク　主体的活動・課題解決場面の保証
・廃材のクギや材質は同じものがなく、多様性に富んでいるため、一人ひとりの子どもに対して、課題解決場面を多く設定できる。指示されたことを指示どおりにやらされる作業学習や、単純な工程を繰り返し行う作業学習と違い、精いっぱい取り組み、自分で考え、判断し、工夫して解決しなければならない。同時に、クギの抜き忘れがないか、切る長さや位置がよいかなどを報告して確認を求めたり、自分で解決できないときに相談して支援を求めたりするなど、コミュニケーション活動の活性化も期待できる。

③　支援の手だて
　子どもが自分で気づき、考え、試行錯誤しながら主体的に解決するために、すぐに解決できる直接的な支援は控える。間接的な支援によって、解決のヒントを段階的に出しながら気づかせ、自分で解決できるようにする。
　間接的な支援の前提として、次の4つを考慮する。①自立的な活動を保証する。②興味・関心及び意欲を喚起する。③成就感を味わわせる。④子どもと働く活動を共有する。
　具体的な支援は「表4　支援の構造（21頁）」をベースに、子どもの実態と作業の状況に合わせて具体化し、フローチャートにして、段階的に支援す

る。
④　道具及び補助具
・不慣れな道具は、やって見せてから使わせる。また、道具の操作に慣れるまでは相応の時間を要するので、慣れるまでの時間に配慮するとともに長期の見通しを立て、長い目で支援する。
・補助具は作業が簡単にできるようにするためではなく、精いっぱいの取り組みをしながら課題を解決していくために、必要に応じて導入する。
⑤　まとめ
　題材「廃材の整理」は製品を作るわけでもなく、販売もしない。また、工程化して製品を作っていたときの作業学習と比較すると、子どもたちが非常に意欲的に取り組んでいる。
　「クギを抜く」「ノコギリで切る」活動は、廃材に同じものがないために、注意しないとクギを見落としたり、切る長さがそろわなかったりする。作業に集中し、考えて、工夫しないとできない。それも、努力すれば可能な作業内容になっている。簡単にはできないが、かといって時間がかかり過ぎるわけでもない。
　「クギを抜く」活動及び「ノコギリで切る」活動における適度の抵抗感が、作業に意欲をもたらし、試行錯誤を経て、成就感を確かなものとしている。
　ただし、マンネリ化を防ぐために、クギ班とノコ班を週ごとに交替したり、別の題材を挟んだりしている。
　製品を作る従来の作業学習では、ややもすると「製品づくり」が目的化する危険性をはらんでいる。失敗しないための工夫に偏ったり、失敗に対する注意が多くなりがちである。教師がやり方を示し、子どもが教師の指示に従うと製品はできる。これでは、主体性はもちろん、判断力、思考力、表現力、課題解決能力といった自立的な生活に極めて重要な能力が育たない。
　作業学習でどんな力を育むのか、そのために必要な題材（教材）の条件を考えるとともに、常に抜本的に見直す必要がある。この題材「廃材の整理」から、そのヒントを少しでもつかみとってほしい。

4 生活単元学習と子どもの主体性

　ここでは、子どもに対する教師の支援から、生活単元学習における子どもの主体性を考えてみたい。次に紹介する二つの実践は、いずれも子どもの主体性を重視しているが、大きな差異がある。

　一つは、子どもの取り組みをあまり待てずに、結果的に子どもの主体性が発揮されなかった授業である。もう一つは、子どもの取り組みをじっくりと待ちながら、子どもも教師も手探りで取り組み、教師と子どもの主体性が発揮された授業である。

　この二つの実践から、生活単元学習における子どもの主体性が、どのようにすれば引き出され、育まれるかを学ぶことができる。

　最初から、「よい授業」ができるとは限らないし、いつも「よい授業」ができるわけでもない。「よい授業」を目指すべきだが、大切なのは授業研究を通して、授業の「長所」と「課題」及び「課題の具体的な改善策」を明らかにすることである。

　授業参観では、いやがおうでも参観者の授業の本質を読み解く能力が試される。参観者一人ひとりが真剣に授業と向き合い、授業の「長所」と「課題」及び「課題の具体的な改善策」を、授業の事実に基づきながら根拠をもって明らかにできるかが問われる。外交辞令や非難は、論外である。

　また、授業研究会で重要なことは、教師としての力量不足をいかに実感できるかである。この切実で深刻な力量不足感なくして、授業改善の原動力は生まれない。

(1) 待つことが難しく子どもの主体性が発揮されていない実践例

　表7は、特別支援学校（知的障害）中学部2年生6名のクラスの、生活単元学習の授業である。学級文集を作るために、印刷して折った紙をページ順に集め、クリップや洗濯バサミで留める学習内容である。

表7 教師があまり待てなかった生活単元学習例（教師の支援・子どもの反応及び解釈）

教師の支援・子どもの反応	解　釈
1　順番を分からせるとき T1：数字の番号を確認して、「順番があるからね」と話す。 A児に集めさせるとき T1：「黄色いのから」 T1：「1枚ずつといったからね」 T2：「おまえたち離れたら」 B児に集めさせるとき T1：「なかなかとれないね」 T1：「D君、上手だった？」 D児：「上手だった」 T1：「同じところでいい？」 　　「狭くない？」 T1：「もっと広い場所ある」 T1：「後ろも使ったほうがいい」 T1：「番号いいかな」 C児が並べるとき T1：「順番に並べなければいけない」 T1：「番号順になっていますね、合っていますね」 T1とT2がB児のものと見本を照合するとき T2：「こうすれば同じ」とひっくりかえす。どっちがよいか聞く。 T2：「飛ばせば順番合わない」 C児に T1：「4ない？」 T1：「後ろのほうにあるよ」 T1：「置ける？」「さっき、狭いから後ろにやった」 T1：「下にやらないといけない」 2　場所を考えるとき T2：「だいじょうぶでない。狭いと思う」 D児：「机をくっつける」 T1：「D君は椅子片づけている」 T1：「やりやすい？」「C君とかがやってもいい？」	・「順番があること」は子どもに気づかせるか、手本をやって見せるなどして気づかせるべきなのに、教師が話してしまう。 ・「黄色いのから」「1枚ずつ」「離れたら」と、やり方などを指示してしまう。 ・うまく取れないことは、やらせて気づかせるべきである。 ・上手だったかどうかは、実際に確認させるべきである。 ・「同じところでいいか」「狭くてやりにくいか」「後ろなどの広い場所がある」、これらは実際にやらせて気づかせるべきである。 ・D児は、狭いことの意味が実感できていない。意味が分からないときの対応を、考える必要がある。 ・順番があることや合っているかを、教師が確認してしまう。 ・片方はクリップで綴じているが、もう片方は綴じていないので比較しにくい。 ・どうすれば同じになるとか、どうしてそうなったかを子どもにやらせて考えさせたい。 ・「4がないこと」「狭いから後ろにやったこと」「下にやらなければならないこと」を、子どもに気づかせずに、教師が指示してしまう。 ・紙を並べる前に、机や椅子を移動してしまう。 ・子どもに考えさせる前に、「狭い」と言ってしまう。 ・片づけていることを褒めてから、一人でやるよりも手伝ってもらったほうがよいことに気づかせ、他児に話させるべきである。

第1章　子どもの「主体性」を問い直す　51

D児：「いい」	
T1：「E君戻るかな？」	
T1：「もっとやりやすい方法はないかな？」	
D児が机を移動する	
T1：「D君、手伝ってもらっていいんだよ」	・D児から、友達に手伝ってもらうことに気づかせ、友達にお願いさせるチャンスだったのに。
T1：「F君も手伝っていいんだよ」	
D児が机を縦2列にする	
T1：「番号順に並んでいるかな？」	
D児：「並んでいない」	
T1：「スタートはどこにすればよいかな」	・スタートはこっちがいいことを、気づかせずに教えてしまう。
T1：「こっちがやりやすいと思わない？」	・こっちがいいかは、やらせてから聞いたほうがよい。
D児：「思う」	
T1：「さっきB君やったら、下でなく上にやったので、下にやってください」	・上下のどちらがよいかは、子どもに聞いたほうがよい。 ・D児を褒めてやらせてみたらどうか。
T1：「ばらばらにならないためには？」	
D児：「テーブルに置く」	
T1：クリップで綴じたのとそうでないのを見せて、クリップを確認する。	
3　B児が多く取ったのがあって、聞きに来たとき	
T2：「戻すんだね」	・戻すかどうかを友達に聞かせるチャンスだったのに残念である。
4　最後の部数確認	
T1が率先して数えてしまう。	・子どもだけで数えさせるチャンスを奪う。
5　まとめで	
T1：「下にするんだよ」と教師自ら確認する。	・子どもにどうすればよいのかを聞いて、生徒から引き出すべきである。

　この授業の大きなテーマは、「子どもの主体性」になっている。主体性を引き出すために、指導案では子どもへの直接的な指示を避け、間接的で段階的な支援に留意している。

　にもかかわらず、表7から分かるように、実際の授業では段階的支援がほとんど見られない。アンダーラインのように、教師が待てずに正解を教え

る直接的支援が多くなっている。つまり、教師の指示が多く、正解をすぐに教え、生徒の活動よりも教師の活動が多くなっている。このような授業は、少なからず参観してきた。

　授業者は子どもの主体性な活動を意図しても、待てずに正解を教えてしまうため、残念ながら、子どもの主体性は発揮されていない。この授業の授業者及び参観者からも、以下の感想が寄せられている。

　・待っている時間が多く、子どもの動きが少なかった。
　・子どもがやったり考えたりする前に、教師が答えを言ったり、直接的な手がかりを早く言っている。少しやらせて、気づかせてもよかった。
　・直接的な支援（指示、説明、解答）が多く、子どもが試行錯誤しながら、気づいて、主体的に課題を解決する活動になっていなかった。
　・子どもの動き、子どもどうしのやりとりが少なかった。

　授業研究会を通して明らかになった、このような率直かつ厳しい授業の課題は、確実な授業改善につながるものである。授業改善にとって、授業研究会は不可欠である。

(2) じっくり待ちながら子どもの主体性が発揮されている実践例

　表8は、特別支援学校（知的障害）中学部1年生6名のクラスの、生活単元学習の授業である。宿泊学習に備えた、「カレーづくり」の4回目である。

　単純な内容の繰り返しは意味がないが、この「カレーづくり」は回を重ねながら課題を確認し、「一人でやりとおしてほしい」「試行錯誤を繰り返しながら、繰り返し学ぶことによって、何事にもくじけずに取り組む姿勢を身に付けてほしい。」という教師の願いの下に、自分たちの力で何とか作れるようになるまで何回も取り組んでいる。

　表8は「カレーづくり」4回目の取り組みで、「大きなボールの収納場所を見つけて、自分でしまってほしい。」という課題の場面である。

　表8の子どもと教師のやり取りから、教師が温かいまなざしでじっくり

表8　教師がじっくり待てた生活単元学習例[37]

A児：（ボールを持って、あちこちの扉を開けて回る。）なーい。しまうとこ、ない（泣き声）。
T　：〔②発問〕そうかな、もう1回よく見てごらん。
A児：（2〜3の扉を開けるが見つからない）なーい（泣き声、泣きそうな顔）。
T　：〔⑤説明〕よーく見るんだよ。まだ見てないとこ、あるんじゃない？
A児：（目的の扉を開ける）あった！（下の段に入れようとする）
　　　（中にひと回り小さいボールがあるために入らない）はいらなーい（泣き声）。
T　：〔⑭促進〕そうかな。諦めないでやってみたら。
A児：（突っ込むだけなので入らない）はいらなーい。
　　　（今度は上の段に入れようとするが、ボール自体が大きくて入らない。）はいらなーい（同じことをする）。
T　：〔⑤説明〕そこじゃなくて、下の方に入るんだよ。
A児：（下の段に入れようとする）
T　：〔①静観〕（待つ）
A児：うーん、うーん（何とか入れようとする。間もなく入っていた中のボールを出す。大ボールを先に入れ、次に出した中ボールを入れようとするが入らない。やがて、2個とも出す。そして、ひょいと大ボールに中ボールを重ねて入れる。）やった！（自分でもびっくりしたような表情）
T　：〔⑭称賛〕やったね。できたでしょ！
A児：うん！

待ちながら、励ましている様子が手に取るように伝わってくる。

　そして、ついに成し遂げる。子どもの成就感と、成し遂げた子どもに共感する教師の姿、ほんものの学びがここにある。実に回りくどいやり方である。指示や命令によって、結果を急ぐ姿はみじんもない。ただ待っているのではない。待っている間は、実に充実した時間が流れている。このように、積極的に待てる教師でありたい。

5 美術と子どもの主体性

　美術というと、教師はすぐに作品を思い浮かべる。そして、授業でどんな作品をつくらせるかが主たる関心事となる。結果である作品づくりが目的化し、子どもが主体的に学ぶ姿が見えなくなる。

　造形活動は、表現技術を学ぶことでも、教師から示された手順に沿って作品をつくることでも、まして、表面的な操作活動に終わることでもない。

　造形活動は大まかに、砂や泥んこなどによる感触遊び、テーマに添ってイメージを膨らませて形にしていく活動、自由制作と課題制作、平面作品と立体作品などがある。いずれの活動も重要であるが、造形活動は材料や道具を感覚的に操作し、イメージを膨らませながら能動的に自己の行為を決定していくことが核心とならなければならない。

　造形活動における手や身体による操作は、働きかけの反応が形や色などの変化として感じとれるため、「対象・自己・操作」の関わりを確かめやすい。

　言語活動や抽象思考に課題を抱えている発達に遅れがある子どものみならず、非言語で具体的かつ操作的で、共通感覚や体性感覚に働きかける造形活動の意義は大きい。

　造形活動における自己表現の喜びや高まりが、意欲や主体性を育み、自己の目標に向けて力を集中させ、生活全体に活気をもたらし、生活を豊かにしていくものと考える。

(1) 主体的な表現を引き出す造形活動の条件
　1) じゅうぶんな時間の確保・活動量の保証

　1コマ40分では短すぎる。2コマ連続の80分は確保したい。また、生活単元学習などで造形的な活動を行うからという理由で、図画工作・美術が時間割にない学校も散見される。生活単元学習で運動会やバザーのポスターを制作するのは、美術の領域かもしれない。しかし、楽しみながら、イメージ

を膨らませる豊かな造形活動を展開するためには、図画工作・美術を教科として位置づけ、時間を確実に確保したい。

2）指示や命令からの解放

教師がつくり方を説明し、決められた時間内に、手順に沿って作品を仕上げさせることは容易である。指示や命令に従うのは楽であり、受動的な人間形成に拍車をかけるだけである。

一人ひとりの人間がつくるわけだから、一見、個性的な作品になるが、本質的には工業製品と変わりがない。教師がプログラマーで、子どもはロボットにすぎない。素材の表面的な操作にとどまり、子どもが主体的にじっくり操作して、イメージを膨らませる活動にはならない。

3）無理のない言語化

事前に何をつくるかを聞いたり、図面に書かせたり、完成後に自己評価させる言語化には慎重でありたい。非言語で、共通感覚や体性感覚に基づく造形活動に、言語を介入させすぎてはいけない。言語表現を苦手とする子どもたちは、ことさらに留意したい。

教師は、教育現場で言語にウエイトを置き過ぎてはいけない。雰囲気、まなざし、うなづき、驚嘆や感嘆などの表情や短い言葉をもっと重視する必要がある。

4）自然な語りかけ

ごく自然に、言葉を交わす。教師の力強い一方的な語りかけではなく、子どもや集団の反応を確認しながら語りかける。その際、子どもの興味・関心などに配慮する。そして、何よりも重要なことは、子どもとのコミュニケーションを楽しむことである。

何かを忘れている場合は間違いを指摘するのではなく、「あっ、そうだ。」「あっ、そうか。」と本人が気づき、意欲を持って取り組むように働きかける。

5）興味・関心の持てる題材（教材）の設定

　題材（教材）のテーマは、学校の行事や地域の祭りなどの直接体験したもの、人間や食べ物や建物などの身近なもの、動物や植物や天候などの自然に関するもの、感触遊びなどの全身に訴えるものが有効である。

6）自由な表現・試行錯誤・創意工夫の保証

　同じ材料かつ同じ量による指示されたやり方では、主体的な造形活動は生まれない。テーマや材料を吟味するとともに、発展性のある題材（教材）をいかに準備できるかにかかってくる。

7）個々の表現の受容と理解・多様な子どもの表現への対応

　子どもの表現が、教師が期待する表現であるか否かは問題ではない。どのような表現であっても、子どもの主体的な表現はそのつど受容し、期待を持って受け止める。

　題材（教材）も、多様な子どもの実態を受け止めることのできる懐の深い題材（教材）が求められる。

8）ダイナミックな造形表現活動の展開

　教室の小さな机に限定する必要はない。活動にふさわしい場所を常に考える。材料も、子どものニーズに合わせて豊富に準備する。

9）多様に認める場の確保

　授業時間の評価はもちろん、学校内外での展示によって、表現に対する子どもの自信が強化される。

(2) 絵画表現の実践例 [38]

1）題材「ネクタイ人間」

　対　象　中学部（知的障害）、総時数〜12時間。

2）題材の内容

① 　ネクタイづくり〜4時間（クレヨンで描く〜2時間、好きな材料で描く〜2時間）。

・あらかじめ、ネクタイの形に裁断してある 12.8cm×54.0cm 大の色画

用紙全40色と白画用紙の計41色から好きな色を選び、クレヨンでネクタイの模様を描く。次に、好きな材料で模様を描く（サインペンやマジックや水彩絵の具などで描く、折り紙を切って貼る、型押しするなど）。
② ネクタイの選択〜1時間。
・みんなの前で、自分がつくったネクタイを全部並べ、「ネクタイ人間」に使う候補を3枚くらい選ぶ。
③ ネクタイ人間づくり〜7時間（「1枚目3時間〜制作場所の決定、ネクタイの固定、人間の輪郭描き、人間への着色」「2枚目4時間〜制作場所の決定、ネクタイの固定、人間の輪郭描き、人間と背景への着色」）
・B1縦2枚合わせた台紙（218cm×78cm）を置いてある教室や廊下などから、自分が制作したい場所を選ぶ。
・身体の部位を考えて、ネクタイの貼る場所を決める。
・人間の輪郭をクレヨンで描いてから、水彩絵の具やポスターカラーで着色する。1枚目は人間のみ。2枚目は背景を含め全体に着色する。

3）まとめ

本題材で、子どもたちは競ってネクタイを描いた。用紙をネクタイの形に裁断してあることも、イメージをはっきり持ちやすい要因になったようだ。「〇〇さんのネクタイ」とか、「〇〇さんにプレゼントするの！」と笑顔で話してくれた。うれしさが、伝わってくる。

みんなの前で個人ごとに全部並べると、枚数の多さと多様性に驚かされた。失敗がなく、比較的簡単にでき、自分の予想以上の枚数や表現ができたことに、自信や意欲や満足感が伝わってくる。台紙の大きさ、廊下や教室の床での活動も新鮮だったようだ。解放的な雰囲気づくりは、どの授業でも重要と考えている。

本題材はネクタイづくりで終わる予定だったが、制作中の表情と完成した多様なネクタイを目の前にして、このまま終わるのは不自然と思い、ネクタイ人間にすることを思いついた。着色は最初にB1が縦2枚大では無理と考

写真1　用紙の選択と模様づくり

写真2　個人の表現の多様性

写真3　全体への着色

写真4　作品の展示

え、人間（図）だけとした。しかし、子どもたちに自信があふれていたので、図と地（つまり用紙全体）に着色する2枚目にとりかかることになった。

　このように、子どもたちが教師の予想を超える活動を展開し、教師が変容を余儀なくされる題材（教材）、教師の予想を超える活動が生まれる題材（教材）を追求し続ける必要がある。

(3)「土粘土」の実践例 [39]

　「土粘土」は経費がかかり、教室が汚れ、保管や焼成に労力を要するなど、教師にとっては大変やっかいな粘土である。土粘土の意義を否定する教師はいないのに、なぜか教育現場では積極的に採り上げられていない。土粘土を全く採り上げないか、採り上げても数回にとどまる場合が多い。

めんどうだからとは言えないので、土粘土を買う予算がない、窯がない、土粘土の指導技術がない、などと言い訳をすることになる。

予算がなければ土粘土を探して掘り出したり、粘土瓦製造会社・レンガ製造会社・窯元などから安く分けてもらうことは可能である。

コップや茶碗などの器であれば、釉薬を付けて高温で焼成する必要があるが、子どもたちは教師がつくらせない限り、最初から器はつくらない。つくるのは器ではないから、窯がなくても、もみがらなどで簡単に焼成する方法がある。

指導技術がなければ、教師の使命である教材研究をすればよいだけである。要は、土粘土の意義を理解して、積極的に展開するための努力ができるかどうかである。

土粘土は、水を多くした泥んこ遊びから、高度な作品づくりまで可能である。土粘土は全身の力で思い切りたたきつけても、軽く押しても、なでたりひっかいたりしても、まるごと受け止めてくれる。心と身体が一体となって働きかけたとき、土粘土は働きかけるままに変化してくれる。回を重ねるごとに、土粘土の魅力を思い知らされる。

子どもの主体的な表現が土粘土で開花した経験がないから、頭では土粘土のよさを理解しても、積極的に展開しようとしないのである。まさに、経験知である。

ただし、食べても安心という理由で小麦粉粘土のみ与えたり、再利用可能だからといって油粘土のみ与えたり、焼成が不要で着色が可能であるという理由で紙粘土のみ与えたりするなら、子どもは不幸である。

土粘土、小麦粉粘土、油粘土、紙粘土の中で、最も可塑性に優れるのは土粘土だからである。

1) 土粘土のよさが発揮される条件

① 量と回数

せっかく土粘土を採り上げても、限られた量と数回限りでは、作品づくりが目的といわれても仕方がない。子どもが土粘土の性質を感覚的に把握する

のに、ウォーミングアップの期間として、1回80分授業で5回以上は必要である。

つまり、5回以上やらないと、子どもの主体的な活動は生まれない。

回数を重ね、土粘土を自由に操作できるようになると、想像を超えた変化が生まれてくる。事例1は4年間、事例2は6年間の変化である。いずれも、数え切れないほどの作品を残しているが、代表的なものとした。

事例1（図3）の1年目は、「顔」をテーマに作らせたものである。指示に従ってこのような顔をつくったが、真の主体性は発揮されていない。そこで、以降は可塑性に優れる土粘土のよさを生かすために、テーマを自由とした。

2年目は、土練機から出た土粘土の円柱形がはっきり分かる。まだ、土粘土を自由に操作できていない。3年目は2年目よりも可塑性が高い。4年目は円柱形のおもかげは全くなく、自在に土粘土を操りながら、みごとな表現の世界を創り上げている。作品の存在感にも圧倒されるが、何よりも、本人は充実感や自信にあふれていた。

図3　長年の変化

事例2の1年目は、糸で土粘土を切ったり、粘土ベラをたくさん差したり抜いたりする。

　2年目はロボットで、レリーフに近い平面的な作品である。3年目は、同じロボットでも立体的になる。4年目は複数体のロボットをつくって、長いヘビと絡める。5年目は自分の家をつくり、亡くなった父や、父を取り囲んでいる家族や親戚を配置する。6年目は、立体的なヘビの家をつくる。

　土粘土による子どもたちの主体的な学びの姿をして、その活動を存分に保証するために、やきものクラブの創設に駆り立てられた。事例1と事例2は、やきものクラブのよき仲間として、よきライバルとして、集団ならではの充実した時間を共有した。教師冥利を感じた時間でもあった。

　事例1も事例2も、このように変化するとは思わなかった。作品の変化につい目が奪われがちだが、制作時の成就感や充実感の高まりこそ強調したい。

② テーマ

　教師自身が、「土粘土＝器」の先入観や固定概念を捨てなければならない。全員に同じテーマを示し、つくり方を説明し、教師の指示どおりにつくらせると子どもはつくるが、無意味である。

　可塑性に優れる土粘土は自由制作を原則に、土粘土の感触を楽しみながら、自発的かつ自主的で主体的な活動が重要となる。ただし、ケースによっては、テーマを示すなどのヒントを与えることも必要である。

③ 活動場所

　個人用の狭い机の上で、かつ粘土板では意味がない。床で素足になっての活動や、大きくて安定した工作台での活動をダイナミックに展開したい。工作台がなければ、個人用の机を並べて三六判のベニヤ板を載せると、広い場所が確保できる。

④ 道　具

　粘土板は動いてじゃまになるだけなので、原則使わせない。模様を描くには、丸い木棒を鉛筆状に削って、粘土用のペンにする。直径3cm長さ50cm

くらいの丸棒は、つくる前に土粘土を軟らかくするのに有効である。
　⑤　表現特性への対応
　子どもの表現は、実に多様である。一人で積極的に制作し、見守るだけでよい子どももいるが、「パターン化したり、レパートリーの少ない子ども」「痕跡からイメージできる子ども」「具体的な形にならない子ども」「手で直接土粘土を触るのをいやがる子ども」「技術的な援助が必要な子ども」などもいる。
　これらの表現特性に応じた具体的な支援方法は、あらかじめ考えておく必要がある。
　⑥　リズム
　最初から速いリズムでつくる子ども、じっくり考えてからつくる子ども、匂いを嗅いで終わる子ども、糸で切ったり粘土ベラを刺して終わる子どもなど、実にさまざまである。
　作品をつくるかどうかよりも、その子どもなりのやり方で、その子どもなりのリズムで、土粘土に集中していくことが重要である。
　また、充実したときの教室全体のリズムには、「活発（ガンガン）→ 静寂・集中（モクモク）→ 歓喜（ヤッター）」の共通点があるので、このリズムに近づけることも重要となる。
　2）まとめ
　図3から、子どもにおける土粘土の魅力を思い知らされる。土粘土の魅力が、子どもを主体的な活動に駆り立てたのである。回数を重ねるごとに、土粘土が思いのままとなり、イメージをみごとに形にしていったのである。
　この過程で手ごたえを実感するとともに、確かな成就感や達成感にあふれ、大きな自信を獲得していったのである。これこそが生きる力で、自立的な生活の大きな基盤となる。
　図3の事例1では1年目から4年目を、事例2では1年目から6年目を想像できないが、4年目や6年目からはそれ以前が想像できる。つまり、1〜2年目程度の授業経験では4年目や6年目が想像できないから、4年目や

6年目の姿を目指そうとしない。この悪循環。

　4年目や6年目の経験があれば、子どもを急かすことなく、長いスパンでじっくり待ちながら、子どもの主体的なほんものの学びを深めることができるのである。まさしく経験知であり、教師の授業力である。

　この4年目や6年目の姿を見せられると、子どもに主体性がないというのは、大変失礼である。教師はプロとして、子どもの主体的な活動を通して、林竹二の言葉を借りれば、子どもに深く蔵されている宝を掘り起こさなければならない。

注
1）新村　出編『広辞苑』岩波書店、1970
2）藤堂明保編『学研漢和大字典』学習研究社、1988
3）早川　透・廣内絵美・井上紀和・小坂眞由美・藤村　彰・須崎幸代・松田孝可子・西野貴司・松永　麿「特別支援学校における『生徒の主体的参加』を目指す授業の創造（4）─選択・決定理由の広がりを期待するアプローチ─」『京都教育大学教育実践研究紀要』第10号、2010、p.173.
4）吉増克實「三木形態学と『現実学』」三木成夫『ヒトのからだ─生物史的考察』うぶすな書院、1997、pp.209-239.
5）三木成夫『生命形態の自然誌　第一巻　解剖学論集』うぶすな書院、1989、p.83.
6）三木成夫　前掲書、pp.367-377.
7）福森　伸「介入～自己決定とパターナリズムの間で」『季刊「しょうぶ」2011 夏』社会福祉法人太陽会知的障害者支援施設しょうぶ学園、2011、pp.2-3.
　　パターナリズム（paternalism）とは保護・支配の関係で、父権主義や父親的温情主義若しくは父親的干渉などと訳される。本人の意志に関係なく、本人の利益になるように、本人に代わって意志決定すること。強者が弱者の意志に反して、介入・干渉・世話する保護・支配・統制の関係でもある。ここには、相手を弱者・劣等者とする差別観と強者のおごりがある。パターナリズムは、教育、福祉、医療、政治などあらゆる分野及びあらゆる単位の集団や組織にはびこっている。対義語は、普遍的な愛情、生命あるものに価値を認める「マターナリズム（maternalism、母権主義）」。母権論は、J.J.バッハオーフェン・岡　道男他訳『母権論』全3巻みすず書房、1991・1993・1995を参照。

8）『大木会だより』第19号・夏日25号、社会福祉法人大木会、2011年10月1日、p.3.
9）「ケアする人のケア研究集会2001資料」日本ボランティア学会、2000.9.29.～30.
10）弘前大学教育学部附属養護学校『研究紀要第14集一人ひとりの主体性を大切にした指導 ― 国語・生活単元学習・数学の実践を通して ― 』、1997、p.49.
11）武田　忠「授業 ― その深くおそろしき世界への『問い』― 林竹二先生に学ぶとはどういうことなのか ― 」『授業を追求し続けて』授業を考える会、2002、p.7.
12）河野昌永「生きる力を育む ― 子どものための生活単元学習 ― 」『特別支援教育研究』第671号／7月号 東洋館出版社、2013、pp.3-4.
13）中田基昭『子育てと感受性 ― 乳幼児との豊かな関係をめざして ― 』創元社、2014、pp.70-74.
14）伊藤功一「授業へのこだわり ― 『授業を考える会』四半世紀の総括 ― 」『授業を追求し続けて』授業を考える会、2002、p.20.
15）伊藤功一　前掲書、p.19.
16）伊藤功一『魂にうったえる授業　教えることは学ぶこと』日本放送出版協会、1992、pp.15-25.
17）林竹二／写真・小野成視『問いつづけて ― 教育とは何だろうか』径書房、1996
18）小野成視『ひかりはたもち』評論社、1994
19）伊藤功一「授業へのこだわり ― 『授業を考える会』四半世紀の総括 ― 」『授業を追求し続けて』授業を考える会、2002、p.18.
20）林竹二・伊藤功一『授業を追求するということ』国土社、1990、p.40.
21）伊藤功一『校長7000日 ― 私の体験的校長論』小学館、1996、pp.218-220.
22）小野成視『ひかりはたもち』評論社、1994、p.2.
23）ヴィゴツキー・柴田義松訳『新訳版・思考と言語』新読書社、2003
24）林竹二・伊藤功一『授業を追求するということ』国土社、1990、p.228.
25）成田　孝『発達におくれのある子どもの心おどる土粘土の授業』黎明書房、2008、p.28.
26）成田　孝　前掲書、p.14を一部修正。
27）林竹二・伊藤功一　前掲書、pp.55-59.
28）成田　孝　前掲書、p.26.
　　言語教示以外の方法は、「① 大阪府立豊中養護学校の先行研究」及び「② インリアル」に大きな示唆を得た。また、間接的な支援から直接的な支援へと、段階的に支援する考え方は、「③ ディスタンシング仮説」を参考にした。
　　①大阪府立豊中養護学校『昭和56,57,58年度文部省指定実験学校 重度精神薄弱児教育研究報告』、1983、pp.70-72及びpp.144-145.

②竹田契一・里見恵子編『子どもとの豊かなコミュニケーションを築くインリアル・アプローチ』日本文化科学社、1994、pp.6-16.
③I.E.シーゲル・R.R.コッキング・子安増生訳「6章 表象的思考の発達：特殊な概念化 ― ディスタンシング仮説」『認知の発達 ― 乳幼児から青年期まで』サイエンス社、1983、pp.189-216.

29) 弘前大学教育学部附属養護学校『研究紀要第14集 一人ひとりの主体性を大切にした指導 ― 国語・生活単元学習・数学の実践を通して ― 』、1997、p.57を一部修正。
具体的支援の名称が表4と表5が一致しないのは、表5が表4以前のものであり、表5当時は「1観察、2発問、3点検・注視・選択・相談、4修正・示範・説明、5指示、6補助」としていたことによる。このように、試行錯誤しながら修正を積み重ねていくことが重要である。

30) 武田 忠・伊藤功一編『教師が変わるとき・授業が変わるとき ― 三本木小学校における授業研究の軌跡 ― 』評論社、1994

31) 観察・実験・記録などの目の前にあるものから、一般に通用する原理や法則を見いだすこと。簡単に言えば、目の前のものから共通事項を見いだすこと。分析的かつ概念的である。統計論によるため、データは数値化されることが多い。過程よりもできたかどうかなどの結果、目に見えないものよりも目に見える意識の現象を論じることになる。それも、概念化・数値化された範囲で。教育は、人間学であり、生命哲学であり、文化であり、アートであり、トータルな営みである。教育を、自然科学や心理学に帰してはならない。

32) ルートヴィッヒ・クラーゲス、千谷七郎・平澤伸一・吉増克實訳『心情の敵対者としての精神』全3巻全4冊、うぶすな書院、2008

33) 成田 孝 前掲書、pp.10-13.図1及び図2は、大橋皓也「体性感覚を基体とした美術教育」『大学美術教育学会誌』第13号、1980、pp.33-34による。ただし、図2は一部修正した。

34) 文部省『作業学習指導の手引（改訂版）』、1995

35) 松岡 武「2 人間教育としての作業学習」『精神薄弱児指導の理論と実際①教育課程／生活／作業』第一法規、1975、pp.42-43.

36) 小出 進『知的障害教育の本質 ― 本人主体を考える』ジアーズ教育新社、2014、p.359.

37) 田中己美子「自立的な姿勢を育む授業づくり ― 養護学校における生活単元の学びをつくる ― 」『障害児の教授学入門』コレール社、2002、pp.161-162を一部修正。

38) 成田 孝「養護学校における子どもが主体的に取り組む絵画表現の実践」『美育文化』10月号VOL.45 No.10、美育文化協会、1995、pp.44-47.

39）成田　孝『発達におくれのある子どもの心おどる土粘土の授業』黎明書房、2008

文献

1 ）早川　透・山本倫子・廣内絵美「特別支援学校における『生徒の主体的参加』を目指す授業の創造（1）― 生徒が自分で選んで、決めて、参加する授業の実践 ―」『京都教育大学教育実践研究紀要』第 9 号、2009、p.115.
2 ）斎藤真緒「『ケア』をめぐるアポリア ― 『ケア』の理論的系譜 ―」『立命館人間科学研究』第 5 号、2003、pp.199-210.
3 ）田中己美子　前掲書、pp.151-168.
4 ）弘前大学教育学部附属養護学校「高等部　分からないときや失敗したときに、進んで解決する作業学習の指導はどうあればよいか」『研究紀要第 13 集　一人ひとりの主体性を大切にした指導』、1994、pp.97-161.
5 ）渡邊健治・湯浅恭正・清水貞夫『キーワードブック・特別支援教育の授業づくり　授業創造の基礎知識』クリエイツかもがわ、2012
6 ）湯浅恭正・新井英靖・吉田茂孝『特別支援教育のための子ども理解と授業づくり』ミネルヴァ書房、2013
7 ）伊藤功一『教師が変わる　授業が変わる　校内研修』国土社、1990
　　この図書は、実践的な校内研修論として、実に貴重である。
8 ）湯浅恭正・大阪保育研究所『障害児保育は「子ども理解」の場づくり』かもがわ出版、2014
9 ）中村雄二郎『共通感覚論』岩波書店、1989
10）ルートヴィッヒ・クラーゲス、千谷七郎訳『表現學の基礎理論』勁草書房、1974
11）千谷七郎『遠近抄』勁草書房、1978
12）三木成夫『ヒトのからだ ― 生物史的考察』うぶすな書院、1997
13）成田　孝「表現の意味について」『弘前大学教育学部教科教育研究紀要』第 1 号、1985、pp.89-98.
14）成田　孝「『情操』に関する一考察」『大学美術教育学会誌』第 24 号、1992、pp.11-20.

（成田　孝）

第2章
教師の「主体性」を問い直す

　現代の特別支援教育において、その「授業の危機」あるいは「授業研究の危機」は、それが日々操作的に行われる結果、授業の本質的意義とそれぞれの子どもにとっての意味が問い直されないまま置き去りにされて時間が過ぎていくことにある。言い換えるならば、それは現代の特別支援教育において、教師の主体性の危機と見なすこともできるであろう。

　教師の主体性の危機は、実際には、①専門性の劣化（何をしたらよいか分からない教師、ただ子どもの後追いをするだけの教師）、②後継者不足（教師を育てようとしない教師）、③教材研究力の低下（流しやこなしの授業に甘んじ自分自身による教材解釈ができない教師）、④実態把握力の希薄化（子どもを見ずにマニュアルやプログラムに依存する教師）、⑤診断主義や発見主義への傾向（「こんな子、初めてだ」と言ったり、「お前はダメな子だ」と言ったりしてしまう教師……）など、さまざまな現象として現れている。

　第2章では具体的な手だてを確立し、実行する際の拠り所となる考え方、教師が操作的に授業を行ってしまうのを思いとどまらせるきっかけを述べる。教師がその場その場で状況に合わせて意図と技術を持たなくてはならないのは仕事として当然のことであるが、更に加えて子どもの情意的な内面と、外見には現れない可能性を見いださなければならない。

　本書で願う授業研究は、できるだけ子どもに近い所で行われている授業研究である。それは教師（大人の価値観や行財政の倫理）の都合で決まる授業ではなく、子どもの事情で決まる授業である。

1 授業の危機と授業づくりの当事者としての教師

　前章において成田が詳述しているように、教師は、自分が教えたいこと（意図）を子どもが学びたい（文化要求）に変換する重要な役割を担っている。授業において教師はその過程を主体的に主導しながら、なおかつ、支援を受け取るだけの子どもにせず、自分と同じ授業の当事者としての子どもの存在をつくっていかなければならない。

(1)「大人の都合」から「子どもの事情」へ
　意図と技術を持ちつつ、授業の当事者として、教師は自分が教えようとする「知識・技能・習熟」に通じ、それと同時に「教えたい、育てたい」という熱意や欲求を持っている。更に、自分の生活をつくる労働として教職にある。これらは全て、大人（教師）側の事情である。更に、教師が教育行財政面の管理運営下にあることも当然、子どもたちに影響を与えている。
　しかし、以上のことは教師の主体性ではない。
　その一方で子どもたちの抱える事情、すなわち、文化的な事柄を学びたいという文化欲求、大人になりたいという発達欲求、勉強したいがそれを妨げるさまざまな事情、更に、家庭的な要因による困難さ、障害の特性やその副次的な状態による制限などを考えながら、教師は日々子どもたちと向き合うことになる。
　授業における教師の主体性とは、上記のような大人の事情を押し通すことではなく、授業を通して子どもの学びを変革し、生活の中に子どもの存在をつくっていくことにある。そうすることが教師自身の存在をつくり、教師自身の生活を変革していくことになる。

(2) 子どもの事情と「主体−主体」関係

　教師と子どもの関係は、教える立場と学ぶ立場としては、対立的ないし「主体−客体」的であるが、授業で起こる人格的な交流という側面に着目すれば、それは「人間と人間」、つまり「主体−主体」の関係である。

　授業づくりの当事者としての教師は、意図を持ち、計画し、教材研究を行う。一方、子どもたちはともに授業づくりの当事者であるが、授業づくりにおいて教師と同じような精神的・実際的な準備をして臨むことはまれで、むしろ「無防備」でいる。とりわけ、障害のある子どもたちの場合、授業の開始時において、構えを持ち、平静で、自ら用意を整えているとは言えないことが多い。逆に、授業でこれから何が起こるのか、という不安やストレスをはっきり示していることもある。あるいは登校前、登校中、更には過去のさまざまな体験が記憶からよみがえり、他人には思いもよらないことによって落ち着かない状況でいたり、感情的な爆発の寸前であったりすることも、少し経験のある教師ならば知っていることである。

　教師と子どもとの「主体−主体」関係は、まさにこのような授業の開始の時点（授業びらき）において問われるのである。それは教師が自分の準備したことを、自分の意図に基づいて実行・展開しようとする瞬間であり、子どもはさまざまな事情を抱えながらも、授業の開始は意識し、しかし自分で自分をどのようにしたらよいか分からない、いわば自分がまだ授業の主人公になっていない瞬間である。

(3)「形式の伝達」から「意味の相互理解」へ

　このような時、教師はどう授業を展開すべきか。

　必要なのは、子どもたちの各々の事情を知るように心がけ、危機に直面している一人の人間として迎えることであろう。つまり、見つめ、ことばを交わし、できるだけ不安を除き、緊張感を緩めることである。教師の側の、その日の出来事、うれしいこと、困っていること、家族のこと、仕事のことを話し、子ども側の個人的なこと、うれしいこと、困っていること、心配なこ

とを聞くようにする。すると、子どもなりに教師が家のことや家族のことを心配していることが分かり、また、自分自身の悩みや気持ちも伝えようとするだろう。

　無論これらの日常的な会話ややりとりは、効率的に知識やスキルを身に付けさせることを第一とするならば、用意した授業の内容には含まれないかもしれない。しかし、このような導入があって初めて授業のプロセスが成立する。このような過程こそ、教師と子どもとがもっとも「主体－主体」的な関係になる時であり、その一時間の授業の価値が決まる瞬間である。このような一瞬は、どんな授業にも必要であると筆者は考えている。

　「意味の相互理解」を重視する授業は、教師の主体性によって成立する。それと同時に、学びと発達の当事者としての子どもは、授業づくりにおいて「受身」の存在ではなく、「対象」でもない。子どもは発達への潜在的な可能性を持った、文化世界の共有者であり、授業づくりにおける教師の共同生活者である。子どもも発達する主体、言いかえれば学びの主役となる。

　特別支援教育ではしばしばありがちな、子どもたちのできなさを限りなく個の問題に帰してしまうことは、できなさを結局、障害のせいにしてしまうことに行きつく。そこでは時間をかけ、手間をかけて歩んでいく教師と子どもの共同活動は生まれず、したがって教師にとって"はっ、とさせられる"迫真の瞬間は訪れない。そのような局面や過程は子どもの存在がなせるものであり、学びと発達の当事者は子どもたちである。総じて「意味の相互理解」を成立させる教師かどうかを、子どもたちは授業中に試している。子どもを一人前の人間として見ることができるかどうかも、教師の主体性のありようが決定する。

(4) 教師が仲立ちする学習体験

　多くの教師が日々実際に行っていることでありながら、あまり自覚していない自身の役割は、「子どもの学習体験（学び）を媒介（仲立ち）していること」である。それは実に大きな役割である。もし大人が子どもの学びを仲

立ちしなかったら、どうなるのか。それは教育的放置、学習機会の剥奪を意味する。古くはいわゆる「野生児」の例に、新しくはさまざまな理由から不幸にして養育上子どもらしくしていられない状況に追い込まれているケースに見いだすことができるだろう。

もし、すべての大人が「子どもの学習体験」を仲立ちしなかったならば、人類の文化は、たちまちのうちに消滅してしまうだろう。文化の継承にとって必要なことは、モノ、データ、ツールを伝えることではなく、それらの人間らしい用い方を教えることである。それが子どもの学習体験を仲立ちすること、つまり教育なのである。教師は職業として、プロフェッショナルとして、子どもの学習体験を常に仲立ちしているのである。

リフレクション1　学校で何を教えるのか

学校で何を教えるか、これは重大な、根本的な問いである。「それは、教科書にそって教えればよいのだ。」という考え方では、この分野の教育では現実的ではない。教える内容は、教科書や指導書や、学習指導要領や解説では、すべて書き著すことはできない。むしろ、行間に隠されているようにさえ思う。

人類はかなり長い間、子育てを行ってきているわけだから、「人間とは、こうするものだよ。」と、産まれたばかりの時から人間的な行動や所作、考え方、生き方まで、人に教えられて育つのである。多くは養育者から手とり足とり教えられることから始まり、社会が無言のうちに子どもに求めている「こうあるべきなんだよ」という、いわゆる潜在的カリキュラムに至るまで、教える営みは延々とつながっている。

人間がつくりだしたもの（スプーン、豆腐、桃……）や、人間が自然物に対してとった態度（水、火、砂…などの扱い方）や、人間が工夫したもの（ことば、記号、合図……）は、すでにそれなりの扱い方を子どもに求めている。例えば、豆腐は人間が発明したものだが、その扱い方は豆腐の方が私たちに求めている。もう少し正確に言えば、親たちが豆腐をどう扱うのかを

見て、子どもたちもやがて豆腐を上手に扱い、上手に処理し、上手に口まで運べるようになる。それは昔の人間がつくりあげた文化であって、「それはこうするものなのだよ」と初心者たる子どもに要求しているのである。子どもが、その要求に上手に応えられるようにするのは、大人の役割である。

以上のことは養育であり、教育である。このような習得内容は生活概念と呼ばれ、通常、生活経験を大人といっしょに積んでいくことによって身に付ける。人間として当たり前のことを、生活経験を重ねながら学び続けている。学校生活の場面は、そのよい機会となる。だから学校でも、生活の歯車にかみ合った教育内容として、着替え、手洗い、歯磨きなどが教育内容となる。

では、教科の知識・技能として代表されるいわゆる「科学的概念」として、この子どもたちに何を教えるべきなのか。

リフレクション２　教科で何を教えるのか

教科教育に代表される考え方、すなわち科学的概念（科学の基礎）を教えるのはどういうことなのだろうか。

リフレクション１で述べたように、大人が子どもたちに伝えなければならないのは、これまでの人類が何千年もかけて培ってきた人間の文化（つまり、人間らしい行動の仕方、人間らしいものの考え方、人間らしい他人への接し方、人間らしいコミュニケーションの仕方等）である。その中でも、道具や器具、合図、記号、ことば、さまざまな表現手段などの用い方を教えること、それらを用いた人間的な行動や思考活動を子どもに教えることが、科学的概念の教育である。これらは教えてもらわないかぎり、ひとりでに身に付くことはない。生活経験を積んでも科学的概念は、自然に思いついたり、知らないうちに身に付くことはない（一例をあげると、いくら水を毎日使っていても、それが「H_2O」であるとは気がつかないし、思いつかない。）。

科学的な概念を子どもたちに教えるとき、「教科」という窓口を通すと、

人類の文化を系統立てて教えやすいということである。だから、教科書の記述を直接与えたり、暗記させたりするのは、教科以前にある人類の文化的財産を極めて断片化してしまうことになるだろう。

では、教科の学習はどう考えたらよいか。上述したように、「教科」は初めからあったのではない。人間の知恵（＝学問）は、さまざまな科学として枝分かれしていった。哲学から、物を対象とした物理学、心を対象とした心理学が枝分かれしていったように。こうして、高度に発展した諸科学を次の世代に伝え、継がせていく必要が生じ、そのような科学の基礎を「教科」として要領よく、順序立てて教えることにしたのである。

だから各教科の学習では、その教科なりのルール、約束事に添って思考することが求められ、そのことが学習なのである。例えば、数学のルールや約束に従って考えると（数学的に見ると）世界はこう見える、国語のルールや約束に従って考えるとコミュニケーションの世界はこう見える、地理学的に考えると世界はこう見える…ということである。そして、大事なことは、以上のことは子ども一人で思いつくことはなく、学校で教師に枠組みをつくってもらって初めてスタートする。科学の基礎は、教師から外的に導かれるものなのである（これを発達に対する教育の主導性と呼ぶ）。

教科の学習は、人間がルールづくりをしながら生きていく際の練習である。そこでは、当然、一定のルールや約束に従って思考することが必要である。教科学習とは、その教科のルールを学ぶ時間である。

教師が子どもの学習体験を仲立ちするとは、具体的にどのような過程をいうのであろうか。要素をあげてみよう。
・大人からの親切でやさしい子どもへの関わりと配慮。
・決して子どものせいにしない教師の態度。
・「お前はダメな子だ」と言わない態度。
・教師と子どもの共同活動。

・子どもとの対話。
・子どもに主体性を発揮させ、教師は直接的な介入を減らしていく。肌は離しても、手は離しても、目は離しても、心で見守る態度。

　大切なのは、教師が子どもの学習を仲立ちする過程で、教師の人間性や人柄、すなわち人格も子どもたちに伝わるということである。その瞬間こそ、子どもたちは、自分の先生への信頼感・不信感を持つときである。教師は得手・不得手に関わりなく、子どもと活動をともにすることによって、知識・技能ばかりでなく、人格の教育を行っている。

　教師は、すでに自身がマスターしてしまっていることを教えるわけであるから、できれば手早く、効率的に進めようとする。その結果、つまずいている子、うまく習得できていない子の、その原因を考えることさえせず、子どもの怠け、努力不足あるいは不器用さのせいにしがちである。しかし、学習体験の仲立ちをする以上、最初から子どもができてしまうことを求めるのではなく、教師と子どもがいっしょの活動をすることから出発し、子どもが教師の介在によって徐々に新たな知識・技能・活動を独力でできるように、学習活動に付き添っていくことを重視すべきである。まさにそのような過程を授業の中核に据えるならば、教師が自分の姿勢が子どもに与える影響の重要さに気づくことができる。

　授業づくりの当事者としての振り返りは、次の諸点である。

1）教育内容（教科内容）を一方的に与えようとし、子どもの側に立った学習経験のプロセスを無視していないか。
2）教師がいっしょにやって見せること、いっしょに考えてくれることを、子どもたちは訴えていないか。
3）もうすでに子どもたちが習得してしまっている知識・技能を反復させる授業を安易に設定していないか。
4）新たなことを学習することへの期待、不安、子どもの気持ち、とまどいを考えているか。
5）1種類の考え方だけでなく、多様な方法を用意しているか。

障害のある子どもの学習はゆっくりとしか進まないかもしれないが、教師と子どもとの共同の体験によって初めてそれがなされる。大事なことは、その時、教師の人格が子どもに伝わり、子どもの反応は教師の人格に作用していることである。

リフレクション３　子どもたちどうしの学び合いでじゅうぶんか？

子どもたちの少人数集団があれば、ひとりでに、あるいは自然に人間関係が育っていくのであろうか。そうではない。経験からよく知られているように、知らない子どもどうしが知り合いになっていく過程で、大人の役割は大きく、必須である。

一人の子どもの学びを教師が仲立ちし、つくりあげることができたなら、別の子どもの学びを教師が仲立ちしてつくりあげることも可能である。こうしていけば、小集団の子どもたち一人ひとりの学びは成立する。

しかし、授業としてこれだけではじゅうぶんではない。いわば個別指導の集まりにすぎない。経験から知られるように、どんな子どもも他人の学びの過程を意識している。むしろ、他人を非常に意識し、気にしている子どもたちである。これに気がつく教師であるならば、ある子どもの学びの過程を他の子どもも共有できることを知っている。

したがって、他人を意識しすぎる敏感な子どもたちであればあるほど、教師が仲立ちをすることによって、両者の「安心できる、よい関係」を築くチャンスが生まれてくる。優れた教師は、初対面の子どもとでもすぐ仲良くなれる資質を備えている。

「子どもたちから近寄ってくるのを待つ、子どもたちが自分に慣れてくるのを待つ」のではなく、その子どもの世界をイメージし、その中に一歩踏み込むことができる教師が望まれる。そのような教師だけが、子どもたちの中に豊かな人間関係をつくり出す。

以上に述べたことは、実際には多くの抵抗に遭う場面が多い。数値的に測定された実態像からは、自閉症児の心の世界は見えにくい。教師がいっしょに活動してみることによってようやく、入口の扉が一枚見つかるのである。同様に少人数集団についての客観的データをいくら集めても、その小集団に教師が含まれることにはならない。自分が仲立ちして小さな人間関係を結ぼうとしたとき、初めてその少人数集団の中に教師がいることになる。

2　子どもの存在をつくる

　授業づくりにおける教師の主体性は、子どもの存在をつくることに集約される。特別支援教育に携わっている教師ならばよく知っているように、多くの場合、子どもたちはセルフ・エスティーム（自身の価値づけ）において、深刻な状況にある。制限や失敗体験、周囲からの軽視や非難によるこれまでの生活史が、そのような状況を形成しているのであろう。どのような子どもたちも、他人から認められることを通して、大人から大事にされることを通して少しずつ自信を取り戻し、やがて自分の居場所を見つけ出すことができるようになっていく。学級や学校も、そのような場であるに違いない。

　学級と授業は、その子どもが大事にされ、自分のストーリーを語ることができ、自分の世界と自信を取り戻す所であり、時間であることが、子どもの存在をつくるうえでの前提である。すなわち、学校、学級は、その子どもが無条件で認められる所でなければならないし、特別支援教育の教師は、障害のある子どもを無条件で認める大人でなければならない。家庭での養育条件が必ずしも望ましい状態でない場合がある今日、困難を負った子どもたちに親子関係とは違った人間関係が築かれる可能性も学校にはある。

　人間は一人では生活できないし、存在しえない。つまり、このことは子どもは社会的な生きものであることを示している。この世に誕生した瞬間から、子どもは親や他人（＝社会）に対して発信し、影響を与えている。幼い

子どもが泣けば、大人たちは何かをしなければと考え、子どもに働きかけようとする。このように考えるだけでも、子どもが一人だけで、単独に、存在していることはありえないことが分かる。

次に、他人によって大事にされる経験が、子どもの発達にとっては必要不可欠であるならば、大人はこのことを意識的に、自覚的に行わなければならない。すなわち、養育・教育は大人が子どもを尊重し、意識的に大事にし、認めていく過程である。

障害のある子どもたちの場合、このことはとりわけ重要である。障害が明確になるにつれて、その子どもへの社会の対応、つまり、その子どもと社会の関係は特別なものに変質してしまう。周囲から相手にされず、話も聞いてもらえず、ことばをかけられることもなくなってしまう。障害のある人々の処遇史を振り返れば、このことは明らかであろう。

学校教育は、その一人の子どもの存在を認め、その存在をつくっていくことから始められる。知識・技能・習熟の習得は、この基盤があって初めて可能となる。

(1)「一対一」で生活と存在がつくれるか

特別支援教育では、教師と子どもが一対一で向き合う場面が多い、また、子どもを学級から抽出して、一対一でトレーニングや学習の指導を行うことが特別支援教育と勘違いしている向きもある。

しかし、一対一の指導スタイルで子どもの生活を組み立て、存在をつくれるだろうか。ここで個と集団の関係に注意を向けよう。

上述したように、社会的な関係の成立が個人の存在をつくるとするならば、一対一の指導スタイルには限界がある。特に、盲ろうの二重障害のある子どもに例をとると、初期学習において個別の関係づくりは必要であるが、小さな集団の中で個の存在をつくることから、なるべく早く、少しずつ大きな集団の中で子どもの存在をつくっていくことが大事である。

授業づくりや学級づくりにおいて、子どもの存在をつくる教師は、木を見

て森を見、同時に森を見て木を見る目が備わっている。しかし、個と集団の関係が成立する場や枠組みを用意するだけではじゅうぶんではない。個人の中に、社会を取り込んでいく教育が目指されなければならない。

(2) 集団の教育力

　学びに仲間が必要なことは、多くの人々が自分の経験を少し振り返れば気づく。友人・他人からの助け、ヒント、励まし、あるいは非難、反論、指摘……これらのことがあって今の自分（の考え）が成立していることに気づくのである。

　子どもたちは、その発達の過程で思考力やことばを、他人（主として自分の身近な所にいる大人や同年齢の子どもたち）との関わりあいの中で学ぶ。自分のしたこと、言ったこと、自分のしようとしていること、これから言おうとしていることを、周りの子どもたちが認めたり、認めなかったり、賛成したり、反対したり、同意したり、拒否したりするさまざまなぶつかりあいを通して、確信を持ったり、修正を余儀なくされたりする経験を重ねる。特に周りから反対され、拒否されることで、自分の考えは再編を迫られる。そして気がついてみると、今は自分の意見になっている考えはほとんど他人からもらった考えなのである。

　考える力やことばの力、それらに支えられる人間行動は、自分一人でつくりあげたものではない。だからこそ、学びの過程で、仲間、同僚、クラスメイトは多い方がよい。個別ブースをつくり、個別指導が特別支援教育のスタイルだと勘違いしてはならないのである。

(3) 支援を受けるだけの人間にしてよいか

　「特別支援教育」という概念が導入されようとしたとき、「支援」のことばに強い反応を示した人々がいた。盲、ろう、の人々である。「自分たちは支援される人間ではない」という、強い主張と誇りがあったからにほかならない。一方、日々の授業では、支援の方法が大事であり、指導案ではどんな支

援をするのかが重視されている。教師（大人）が子どもを支援するのが何が悪い、当然だろう、と考える人は多いはずである。しかし、この構図は「この子たちは一生涯にわたって他人から支援される人になる」といった隠れた方向性を内包している。

　本当にそれでよいのだろうか。本当に子どもたちは支援されることを望んでいるのだろうか。障害のある子どもは、周りから支援されるだけの子どもたちなのであろうか。

　ところで、日々の子どもたちの姿からは、こう見えるときもある。「自分も人を支援する側になってみたい」「自分だって社会にとって役に立つ人間になりたい」……自分のことはさておき、友だちの世話をやきたがったり、友だちに指示をしたり、教師が他の子に支援しているまねをしようとしたりする子どもが、たくさんいることを私たちはよく知っている。

　つまり、どの子どもたちだって、ときには人を助けたり、人の役に立ったり、してみたいのである。成人のかたがたはもっとそうであろう。

　特別支援教育の授業では、そのような場をつくることが必要である。自信や誇りを身に付けることは、日常のスキルを身に付けるのと同様に重要である。その子どもへの支援の在り方ばかりを考えている教師の授業は、その子の自信や誇りを身に付ける授業に切り替えなければならない。

　障害特性に合せた教育は、より「障害者」らしくさせる教育になる危険性をはらんでいる。いつも選択肢のある人生を、この子どもたちは歩んでいくべきである。与えられ、支援されるばかりの「障害特性に合せた教育」は、自分から選択肢を選ぶ可能性を奪ってしまう可能性がある。過剰な支援になりやすい特別支援教育の授業がある。それは、子どもの存在をつくることになり得ないのである。「人の役に立ちたい、よい子でありたい」という情意面を、教師は繊細に、そしてじゅうぶんに尊重しなければならない。

3　意味をつくる教師のことば

(1)　「お前はダメだ」「お前が悪い」と言わない教師が子どもに自己有能感をつくる

　教師が授業中、子どもたちにかけることばは大きな意味を持っている。期待した答えが得られなかったり、教師の望む行動ができなかったり、意図と違う事態を引き起こしたりしたとき、教師はどうするだろうか。

　そのようなとき、自らの教育の不備、すなわち指導の仕方や手順、指示や教示、説明や示範にふじゅうぶんさがあったと認める教師は多くはない。逆に、「言うことが聞けない」「何も分かっていない」「のみ込みが悪い」「障害があるから仕方がない」……と子どものせいに帰着させてしまう例はないだろうか。

　その最も典型的な例は、「お前はダメなやつだ」とか「お前が悪いのだ」という言い方である。これはつまり、子どもの「できなさ」や「不適切な行動」を子どもの障害のせいにしていることであるが、このようなことばかけが何も生み出さないばかりか、関係さえ破壊し、悪循環を生み出し、子どもの内面に深刻な傷を残すことを指摘したい。

　それは、まず以下の点に集約できる

　1）子どもを教育の対象として除外してしまう、「排除」の方向。
　2）子どもを一人の人間として存在していることを無視する、「否定」の方向。
　3）「主体－主体」関係としての「教師－子ども」関係が成立しない、「命令－服従」の方向。

　教師は母語である日本語を使って、子どもたちに話しかけ、対話をし、また発問し、授業をつくる。授業中のことばはどのような働きを持っているのだろうか。また一般に大人のことばは、子どもにとってどのように作用しているのだろうか。

以下では、第一に、ことばの「意義」とその語の個人（子ども）にとっての語の「意味」の問題について、第二に、言語の持つ行動調整の力について述べよう。

(2) 個人的な「意味」を豊かにする教師のことば

新たに一つの単語を学習する際、その語の持っている概念としての意義（字義どおり）から出発する。個々の事物の名称から抽象化されるいくつかの段階を経て、一般的な概念に至る。つまり、ダイコン、ネギ……から野菜へ、野菜から植物へというように。これらの学習は、いわば概念学習である。この時に、教師の説明や解説が重要なことはいうまでもない。

しかし、ことばは概念的な「意義」としての存在のほか、個人的な「意味」の範囲を持っている。例えば、ピーマンは単に野菜の一種としてのピーマンという「意義」（辞書上の概念として）がある。しかし、ある子どもにとっては"大嫌いな食べ物で、見るのも、匂いもイヤ"という個人的な特別な「意味」があるし、ピーマンを栽培する生産者の子どもであれば"家業の商品"としての「意味」もあるし、ベランダでプランターを用い、"母親が大事にして育てているピーマン"という個別的な親しみをそのことばに感じている子どももいる。

教師のことばは、このような個人的・個別的な「意味」を示す子どものことばを支持し、豊かにし、表現させる役割を持っている。同じことば（単語）でも、それぞれの子どもたちにとっての「意味」は、子どもの「文化－歴史的」な背景によってさまざまであり、その違いを互いに学びあうことが、学校空間や授業のプロセスで起こる。このことが他者理解である。

つまり、教師はある一つのことばの「意義」をそれぞれの子どもたちにとっての固有の「意味」に広げ、これを相互に共有させる役割を持っている。その仲介をするのが教師の働きかけにほかならない。

(3) 教師のことばが持つ行動調整的な働き

次に、子どもたちの行動と教師のことばとの関係について述べよう。

子どもが何か自分の思いどおりにしようとしたが、さまざまな理由で実行できないときがある。また、ある行動を起こそうとするが、自信がなくて実行できずにいるときがある。前者の場合、教師は「困ったね。少し待ってみようか？」「順番でやろうね」と声をかけたりする。後者のような場合、教師は「じゃ、先生といっしょにやってみようか？」とか「一、二、三、で始めよう。」と声をかけたりする。

いずれの場合でも、教師のかけたことばによって子どもの行動は抑制されたり、あるいは促進されたりする。このように、子どもの内面に向けて語られる教師のことばは、子どもの行動を調整している。言い換えるならば、授業中、子どもの内面を支持する役割を教師のことばは持っているのであり、それは外面としての行動も支える。評価として働きかける教師のことばも同じである。

(4) 子どもの失敗を誘う、教師のことば

一般に大人が自身の照れ隠しから、子どものできなさを故意に公にしようとすることがある。子どもにしてみれば、赤面し、心の中で「そんなことわざわざ人前で言わなくたっていいのに」と感じる。子どものせいにする態度である。

同じことが、教育現場においても起きることがある。教師が子どものできなさをその子ども自身の努力不足、障害のせいにして言語化することである。これは教育ではない。

前述したように、授業は教師が子どもの学習を仲立ちする過程である。決して子どもの努力不足のせいにしてはならない。まして、子どものできなさをその子ども自身の「障害」や「障害特性」のせいにしてはならない。

特別支援教育における教師の主導性は、子どもを対等の人間として認めること、そして子どもの生活を豊かにし、その子どもの存在をつくり、その子

どもを含む社会（集団）を変革させていくものでなければならない。

4　教師の専門性の危機

　教育における教師の専門性について、これまで非常に多くのことが語られてきた。項目にすれば枚挙にいとまがない。広義では、教育に関わる全般的な知識・技能・習熟の持ち主ということになるし、狭義を求めれば、教える領域や分野の専門的知識・技能・習熟を獲得していることが教師の専門性といえる。そして学校教育では通常、担当する科目（教科名）をもって、専門と称している。つまり「私の専門は理科です」と言うように。

　とはいえ、教師一般について専門性を語るとき、「教師の専門性は学習者である子どもたちと、この世界全体との間に立ち、その世界を子どもに分かりやすく伝える、いわば通訳することである。」とまとめられることは前述した。人類が創造してきた文化遺産の全てを、次世代を担う未来の大人たちに順序立てて教えていくことが教師の専門性である。それには、教師としての多くの技術と人間性が問われることは言うまでもない。

　以上が、教師の専門性の一般論である。

(1) キーパーソンとしての専門性

　子どもが「身近な大人から自分は見守られている、大切にされている」という思いを感じ取れることが、何より教育にとっては必要で重要である。そのような大前提のもとで、いつも子どもは、大人から学びの過程へと誘われているべきである。

　さらに常にキーパーソンであるためには

　1) 大人がいつも見本を示すこと。
　2) 大人がいつも自分の意見を持ち、考えを子どもたちに伝えること。
　3) 子どもたちを選別せず、公平に接し続けること。

4）子どもの事情に配慮しつつも、大人が寄り添い、合わせること。
　5）「ありのままでいい」ことを言い訳にせず、いつも子どもにもう一つ提案ができること。
　しかし、これだけでもじゅうぶんな専門性と言うわけにはいかないであろう。さらにその子どもの行動を読み解く力、その子どもに特有なチャンネルにアクセスできる力が必要である。
　結局、授業という営みを中心にして子どもを育て、子どもたちどうしの関係をつくり上げていく教師の専門性は、狭い特別支援教育だけの知識・技能・習熟に関わる専門性だけでは語れない。あえて言えば、社会的に弱い立場にある子どもたち、さまざまな事情や条件を持っている子どもたち、自分一人の力ではうまく学んでいくことのできない子どもたちの置かれている状況をよく理解し、そのような子どもたちの存在を事実としてつくり出していく教師が優れた特別支援教育の教師である。それは確かな技術と意図を持ち、親切な関わりのできる、普通の教師のことであると言える。

リフレクション4　心理主義の教育でよいか

　特別支援教育は、いわゆる心理主義の教育になりやすい。それを専門性と勘違いすることがよく見られる。では、教育における心理主義とは何か？それは次のような考えである。
　子どもの学習上のつまずき、トラブル、理解ふじゅうぶん、異常な行動、逸脱等……子どもたちが示す表面的な症状の原因を、子ども個人の心理過程（あるいは精神過程）の問題に求め、これらの症状は、その子どもの個人的な心理機能（精神機能）に原因がある（つまり、その子ども個人に原因がある。）と考える。このような症状をなくすためには、その子ども個人への特別な教育治療、訓練、心理教育等その子ども個人に向けられたアプローチが必要と考える立場である。簡単に言うと、教育がうまく行かない理由を、子ども個人のことに帰してしまう考え方をいう。心理治療主義ということもできるだろう。

特に特別支援教育に当てはめて考えると、その子ども個人が持っている障害が原因でさまざまな症状や行動があるのだから、その子どもを個人個人別々に治療教育する（あるいは心理教育する）ということになろう。このやり方のどこがまずいのだろうか。

まず、過度に個別化される傾向は、子どもどうしの人間関係の形成の機会を奪う。教育の場で重要な「学びの仲間」をつくりにくくする。

次に、大人が子どもに対して「対症療法」的に関わる傾向が強まる。子どもが表面的に示している症状は、子どもの心理機能の問題そのものの姿ではないはずだ。そうではなく自分を取り巻く環境との摩擦や反応である。だとするならば、その子ども個人とその子どもを取り巻く環境との関係を調整すべきである。個人と社会との関係を形成し、調整することこそ教育ではないか。障害名を重視するのではなく、人間関係を重視すべきである。

特別支援教育における心理主義的な傾向は、教師と子どもとの関係を治療者対被治療者の関係に固定化してしまう。これは決定的な関係であり、立場的にヒエラルキーが上位と下位に区別化されてしまう。教育において教師が「瀬戸際」に立たされたり、子どもから「挑戦」を受けたりする場面は、むしろ多くあるべきで、そのような迫真の瞬間にこそ授業は成立するという考え方もある。

何よりも心理主義は、個人の心理過程に原因を求めるがゆえに、「障害」児を「障害児」として見る方向にある。通常の子どもが楽しく遊んでいる時に、個別の治療や訓練をしなければならず、通常の子どもがみんなといっしょに遊んでいる時に個別の心理教育を受けなければならない。これは通常の状態からの切り離しである。

リフレクション5　流す、こなす、終わらせる授業でよいか

　いろいろな職場で、若い世代の仕事のやり方が話題になることがある。学校現場もそうだ。積極的な若手であっても、次のような場合がある。よい「遂行者」であろうとするのだが、自分が教える内容の吟味はしようとしないタイプである。そのような遂行者の志向はボスやトップが指示したことをできるだけ効率的に、うまく、スマートに遂行する、という点に向けられている。自分に命じられた仕事の、よき遂行者、実行者、処理者であろうとする態度である。また、そのようにすることが、よき仕事人と思っている姿勢である。

　このような場合は、「流す、こなす、終わらせる授業」になってしまう。すなわち、自分の教えることの内容は問わず（そのことには触れず）、スマートに処理することを考える。中身には深入りせず、依頼された科目・時間の業務だけを自分の責任と感じ、自分が受け持ちとなった、当番としての手順を遂行しようとする。

　困るのは、上述のような教師の場合、子どもが理解しているかどうかにはかまわず、自分の手順がマニュアルどおりかどうかに着目がいってしまうことである。決められた手順どおりに首尾よく授業を終わらせ、自分の責任を果たし、次に回そうとする。成田の表現に従えば、教師が主語になってさえいないのである。実は、教育する内容はマニュアルに書いてあるものでも、文部科学省が定めるものでもない。一人の教師が、自分でその子どもと相談して決めるのである。

　内容に対する自分の意見は持たないようにし、自分のノルマだけは果たそうとする教師でよいのだろうか。

　我々の授業の場に話を戻そう。教える内容の検討「いったい今、この子どもに何を教えるのか。」をいつもしていかなければならない。この最大に重要なことを考えずして、「優秀な遂行者」であることを目指す教師が、実は最も危険である。

リフレクション6　将来生活の"前倒し"でよいか

　将来に備えて、卒業後役立つであろうことを早め早めで教えていく。これが、ここで言う「将来生活の前倒し教育」である。この考え方に立つと、知的障害教育では実用主義的になり、暮らしに役立つ、必要最低限のスキルや習慣を毎日特訓することになる。かつての「訓練主義」が好例である。ひどい場合は、「将来は、つらい条件で生きていかなければならないのだから、今から忍耐力をつけるため。」と、持久走的な「ガンバリズム」の教育になる。

　未来を志向する教育は正しい。しかし、それは知的障害の青年たちを社会に合わせたり、現代の企業主義の価値観に融合させたり、彼らの就労を100％目指すというような雰囲気の中に置くことではない。同じように、雇用主からかわいがられる「障害者」、競争社会から愛される「障害者」につくり上げることではない。

　ではどのような教育が正しいのか。通常の幼児・児童・生徒の教育がそうであるように、各年齢段階には、その時に豊かに充実させるべき課題がある。幼児・児童なら「遊び」、児童・生徒なら「学習」、高校生以上なら「仕事」といったように。これを各年齢段階における「主導的活動」と言う。今は何を大事に教えていくか、この年齢期の主導的活動は何かをいつも見据えていくことが大事である。各段階で、その時すべき活動をじゅうぶんに豊かに行うことが、その次の段階を導くのである。

　卒業後の将来に向けて、早いうちから、挨拶、マナー、態度……お決まりのフレーズ、身の回りの最低限のことを繰り返し身に付けさせる、無論、そのことは大人が教えていかなければならない。しかし、それはそのような型を上からかぶせることではない。各年齢段階で、それに応じた主導的活動を教材として、その年齢なりに「考えて行動する」ことを土台にして、人間的なコミュニケーションや行動が形成されるのである。それは時間のかかる教師と子どもとの共同活動によって可能になるのであり、実用スキルの上塗りでは不可能である。キャリア教育の名のもとに、トップダウンでのスキル教育が前倒し教育になってはならない。

(2) 特別支援教育教師の専門性の危機

　特別支援教育時代になってからの一番の政策的な変化は、その重心をいわゆる発達障害の子どもたちに移した点にある。今後はますますこの傾向は強くなり、通常の学級に学ぶ発達障害の子どもたちを支援することが、特別支援教育と一般に考えられるようになるであろう。

　しかし、これまで日本の障害児教育はどんなに重い障害の子どもたちでも、学齢期であれば学校教育が行われていることに強調点があった。すなわち、どんな障害の子どもにも、どんな重度の状態にあっても、その子どもには「学校の先生」がいたのである。そこで培われた教師の専門性は何であったか。ここでは、現代の状況下にある特別支援教育教師の専門性をめぐる危機について述べよう。

　教育における専門家は、何より教師である。その教師の専門性はどこにあるのか。特別支援学校教師の専門性は、何にあるのだろうか。外部専門職としてPT（理学療法士）、OT（作業療法士）、ST（言語聴覚士）及び心理職等を特別支援学校に配置する方針が実行されているが、それにはさまざまな意図やねらい、利点もあるだろう。しかし、そのことは子どもの教育における教師の専門性の低下を招いている。

　PT、OT、ST、心理職等が子どものある一面、ある状態を見ているのに反して、教師は子どもの24時間の連続した毎日毎日の生活を基盤として、その子の存在を見つめている。食事の時、着替えの時、散歩の時、余暇の時、親といる時、子どもといる時、知らない人と接する時、学校にいる時、登校の時、下校の時……を見つづけたうえで、その子どもの今の学習可能性を見いだす視点を持っていることが、特別支援学校教師の専門性である。いつもその子どもの生活基盤を考え、その上に教育可能性を見いだすことが教師の専門性であり、それはマニュアルによってすぐに形成される資質ではない。いわば"職人技"のように、意識的、自覚的に身に付けていくものである。

　重度・重複障害のある子どもたちの教師には、子どもが発したほんのわずかなサインから、その子どもの内面を感じとる力とセンスが育つ。

知的障害のある子どもの教師には、外面的行動とその子どもの内面の動きとの関係が読めるようになる。

　盲・ろうの子どもたちを教える教師は、制限を乗り越えようとする子どもの心の動きやずば抜けた理解力を知る。

　そのような技術と専門性を身に付け、これまで日本の障害児教育を担ってきた教師たちが去ろうとする今日、その後継者がいないことに気がつくのである。いったい、「誰でもができる特別支援教育」などあるのであろうか。

　与えられたマニュアルに沿い、指示されていることを子どもに与えるだけの教育では、子どもは、措置や検査の対象ではあるが、一個の人格として教師と向き合うことがなくなってしまう。時間単位で受け持ち、トータルでその子どもの生活基盤を見つめるキーパーソンがいなくなりつつある。

　子どもを見つめず、子どもと向き合わず、データとマニュアルばかり求めようとする。これこそが、現代の特別支援教育に現れている危機である。

　今日、経験豊かで、「その道のヴェテラン」と呼ばれていた職人肌の教師たちは、自分の目や手で確かめつつ、授業をつくってきた。特別支援教育は、教師が子どもから離れた所にいて、プログラムやマニュアルに沿い、ICT（情報通信技術、つまりコンピュータを活用すること）によって"媒介"されたものへと変質しつつある。そこでは細かな心のひだを読めない。

(3) 専門性の感じられない教師と授業

　これまで、特別支援教育における教師の専門性について述べてきた。それらの専門性が備わっていない場合、次のような光景が見られることを指摘しておきたい。

1) 何をどうしてよいか分からない教師・授業（意図や技術が見えない）。
2) 教えることをせずに、欠点、不出来ばかりを指摘し、時に小言や大声を出す教師・授業。
3) 自ら手本を見せ、やり方を解説しない教師・授業（示範、配慮や支援がない。）。

4) 子どもといっしょに活動・行為・動作をしない教師・授業（共同がない）。
5) 医学的な所見に依拠し、子どもの発達や成長をあきらめている教師・授業。
6) 初期設定はするが、後は流して、途中の指導や手だてがない教師・授業。
7) 個別のブースでトレーニングシートばかりして、子どもの生活全体を見ようとしない教師・授業。
8) 子どもとともに同じ日課を過ごすことに意義を見いだせない教師・授業。

5　教育的診断の危機

　子どもたちが示す行動や症状が、いわば表面的な、リアルタイムの外見であることは、経験豊かな教師にはよく知られている。すなわち、基本となる主症状と二次的、三次的な症状とが複雑に絡み合って、今日、目の前で示される外見を呈している。ヴィゴツキーの言い方を借りるならば、子どもの（示している）行動は、その子どもの行動の歴史である。「外見」だけを"ありのまま"として理解して、それに対するアプローチだけを考えるならば、そこからは「対症療法」的な働きかけしか生まれない。
　経験豊かな教師であれば、学校場面で示される、複雑に絡み合った結果としてのその子どもの行動や症状を、その絡み合いを解きほぐしながら、成り立ちや理由を読み解くことができる。これは、難解な外国語文を丹念に翻訳していく作業と似ている。まず、教師に求められるのは、"難しい"子どもの行動、"重度"で"手のかかる"、"手強い"タイプの子どもたちの行動を、その子どもの歴史として捉え、それを読み解くことをしていくべきである。安易な対症療法では解決にならないし、今示している症状を更に固定化して

しまうことになるだろう。

「子どもに向き合う」ということは、このようにしてその子どもを理解することであって、上からスキルアップを押し付けることではない。

以下では、教育的診断と医学的診断・心理学的診断について考察し、特別支援教育に求められる診断ニーズを明らかにしておきたい。

(1) 教育的診断と心理学的診断

では教育的診断と授業との関連、そして心理学的な検査と授業との関連という観点からこの問題を検討してみよう。

前者の教育的な診断は、「できかかっている部分」「△の領域」を見いだすことであった。つまり、それはそのまま、授業での主要な部分そのものである。子どもたちが取り組むべき内容は、まさに、今できかかっている内容である。こう考えると、教育的診断とは「発達の最近接領域」（ヴィゴツキー）を明らかにすることであり、授業づくりの一部とさえ考えることができるし、そう考えるべきである。

次に心理検査（知的検査）と授業との関係を考えるならば、それは無関係である。なぜならば、知能検査は、「できる（○）／できない（×）」の現在の水準を明確にすることはできるが、可能性の範囲、「できかかっている、できるかもしれない、一人ではむずかしいが友だちといっしょにならできる…」（いわば△）を明らかにはできないからである。○に従って授業を進めれば、もうすでにできていることを子どもは披露するだけであるし、×に基づいて授業を組み立てるならば、できないことばかりやらされる授業となる。前者からは達成感や手ごたえを子どもたちは手に入れることができないし、また後者からは、失敗の経験、つまり自信喪失を重ねるだけになる。いずれも授業にはなりえず、時間が過ぎていくだけである。

(2) 特別支援教育における教育的診断の危機

　本来、教育的診断がなされるべき特別支援学校においても、以上のような傾向が見られる。チェックリストや○×方式で子どもの実態を把握しようとする態度がそれである。ヴェテランの教師は、ある日のその子どもの状態を見て、それがその子の実態とは考えない。その子どもとの日頃の付き合いの経験から、その子どもの実態像を自分なりにあらかじめ持っていて、ある特定の日、ある特定の場面で子どもが示す状態とのズレを感じ取ることができるからである。すなわち、元々の（一次的な）子どもの実態と、ある場面での二次的あるいは三次的な状態を区別できるのである。言い換えれば、子どもたちは、そのつど、日ごと、場面ごと、対する教師や子どもごとに状態像を変えているのである。むしろ、そのことを「実態」と捉えるべきであろう。つまり、実態は動的なのである。

　しかし、教育現場においてチェックリスト的な診断や○×評価方法が重宝がられるのには、それなりの理由ある。一言でいえば、それは教師力の低下、専門性の希薄化であり、「誰でもできる特別支援教育」といったような考え方と、採用される教員（非常勤や非正規採用教員も含めて）の資質の問題である。教育現場をよく知る者ならば分かるように、決して特別支援学校のスタッフの質が向上してきているとは言いがたいのである。

　現代の教師たちに子どものことをよく分かっていない者が多くなったとするならば、その背景には、子どもの表面に現れる行動や状態ばかりに注目し、それに覆い隠されている重要な部分が見えにくくなっていることが関係している。

　そのことは、通常学級の低学年の子どもたちにおいて、他児とやや違った行動をとる子どもに出会った時、すぐに病院をすすめたり、相談センターをすすめたりして、その子どもに自分で何とか取り組もうとしない多くの教師がいること、就学前の機関から入学してくる新入生候補者の中に「気になる子ども」がいることを嫌う姿にも現れている。あらかじめ、「粒ぞろい」の子どもたちしか教えたくない、と考える教師たちの存在である。

(3) 医学的診断、心理学的診断の影響

　実際に特別支援教育や福祉の現場において、医学的診断や心理学的診断が根拠として措置が行われ、サービスが始まるのは周知のとおりである。その意味で、これらは子どものその生活において決定的な意味を持っている。更に、一旦つけられてしまったこれらを覆すことは、かなり困難である。また、これらが一人歩きして、教育の可能性を狭めることは避けなければならない。

　医学的・心理学的所見からすれば不可能であっても、教育学的に可能なことは存在する。これもまた、日々、優れた教師ならば感じることができるだろう。できるようになるかどうか、やってみなければ分からないのである。一番しなやかな診断が教育的にできるのは、間違いなく教師であり、特別支援教育では、そのような教師が求められている。

リフレクション 7　アセスメントとエヴァリュエーションは同じか？

　いつのころからか（特別支援教育ということばの使われ方と連動しているように思うのだが）「アセスメント（assessment）」ということばが多用されはじめた。

　「評価」という意味で使われているが、そもそも財産や環境を査定すること、税額査定するときのことばであり、日本語訳としては「査定」が妥当なところであろう。中古車の査定を思い浮かべれば分かるように、上から下へみた、ダメなところを見つけだすマイナス評価である。

　これに対して、一昔前まではエヴァリュエーション（evaluation）ということばが、教育界では「評価」の意味で用いられていた。これはe＋value（価値）で、価値を見つけだすこと、よいところを探すプラスの評価である。価値づけ、意味づけとしての評価であり、無論、子どもの力や潜在的な可能性を評価するなら、エヴァリュエーション（evaluation）の方がよいと思う。

　授業にこだわるとき、当然、上述したアセスメントからは、貧しい授業し

か生まれてこない。エヴァリュエーションからは、可能性を引き出す授業ができるはずである。授業づくりは評価とつながっているとか、授業づくりを研究することは評価を研究することとつながっている、というのは理解できるが、その場合の評価とは、価値を見いだすことであって、アセスメントではなく、エヴァリュエーションである。

6　日課の共有と教師の思考

これまでの障害児教育の実践が示したことは、学校・学級が必要、教師が必要、学びの友が必要ということである。また、医学的診断や治療、心理学的な診断や技法だけでは、子どもたちは育ちはしない。授業が必要であり、したがって教師（大人）の役割は、子どもの成長や発達にとって限りなく重要であるという事実である。

「特殊教育－障害児教育－特別支援教育」に通じる教育理念は、一人の子どもを大事にすることが、やがて子どもたちどうしがお互いに相手を大事にすることにつながる、一人の子どもを大事にすることが、学校中の子どもたちを、地域の子どもたちを、大事にすることにつながる、という考え方である。

そして、教育は対象となる子ども一人を"取り出して"指導する、いわゆる個別指導で実現できるわけではない。個の指導とは、一対一指導のパッケージ内で行われることに意味があるのではなく、クラスやグループの学びの集団の中で個の学びが充実していることによって初めて意味があるものとなる。

特別支援教育、障害児教育においては、その実施形態が個別指導を連想させるような報告のみが取り上げられ、個人内の変化や発達ばかりに着目されがちで、心理主義になりやすい。

これまでの障害児教育の実践経験からも、また教育における個と集団の力動に関する研究からも明らかなように、特別支援教育の中心的な形態は学級経営（学級づくり）と授業方法（授業づくり）にある。子どもを孤立した状態でスキルのトレーニングをすることが重要なのではなく、そのことが学級や学びの仲間に共有されることである。これまで日本の学校教育で大事にされてきた「学級づくり」の思想は、そのまま特別支援教育においても実現されるし、またされなければならない。障害のある子どもに必要なことは、少人数の集団の中で自分の存在が認められ、やがてより人数の多い集団の中で人間関係がつくられていくことである。ある一つの個体の量的・質的な変化だけが重要なのではない。

(1) 学校で過ごす時間、日課の役割
　一人の子どもの存在を認めたうえで、学校で過ごす時間とは、どのような意味があるのだろうか。
　第一にそれは、大人の生活（労働者としての教職員の人生）と子どもの生活（一人の社会的存在としての子どもの人生）とが、場所と時間を共有する所である。大人の職場に子どもがたくさん、しかも長時間にわたっているということは、他の職種では普通あまり考えられないことである。
　学校で一日の日課を（信頼できる先生といっしょに）上手に豊かに過ごすこと、さまざまな日課を自分のものとして一日を充実して過ごす経験は、将来（親がいなくても）自分一人で日課のある一日を上手に過ごす練習になる。だから、一時間の授業のプロセス云々よりも、一日の日課を学校で過ごすことの方がよっぽど大事ではないか。
　でもここまで考えると、やはり一コマの授業にこだわることが避けられない。それは一時間の授業の過程に中に、教師の思想・技術・意図といったものが全て含まれ、教師の人格・生活全てが内在していると考えるからである。簡単にいうと、一つの授業を見れば（実は5分間も見れば）、その先生の全てが見えてくる。つまり、一日をともに過ごすに足る先生なのか、自分

の将来生活を教えてもらうに足る人物なのか、一コマの授業で分かる。これが授業づくりや授業研究にこだわる理由である。

　子どもたちは、教師を教師にしてくれる存在である。毎回毎回、私たち教師は「この一時間は後にも先にもない、たった一度きりの一時間」と思って臨むだろう。それは創作や創造に似ている。要は、子どもを一人の人間と思い、誠実な人間的な対面、対話をしているかどうかである。

　もう一つ、一コマの授業にこだわるわけは、その一コマの中に教育のチャンスが無数にあると考えるからである。それは、狭い知識や技術を受け取ることだけではない。授業で行われている心理活動、身体活動の全ての過程で、その子どもの力が総動員されることこそ学習の過程である。その授業内の一定のルールに従って考え、一定の課題を目標にしてクリアするために自分の可能性（＝潜在的な力）を総動員すること、それが発達の原動力となる。一人ではうまく学べていない子どもが、授業の過程で豊かな可能性を見せる。

　教師は世界と子どもの間に立つ仲介者である、と前述した。一定の日課、教材、レイアウト、設備が、生活力、分かりやすさ、ふさわしい動き、行動のきっかけ等をつくり出しながら、子どもと同じルールで日課をこなすことは、手洗い、着替え、食事等の文化をはじめ、人間と人間のつながり（人間関係）をつくる。教師を介して、子どもは人間らしい行動や文化を学ぶ。教師と子どもが同じ日課を過ごす過程で人間関係が生まれ、仲介者である教師が主導する授業を通して、子どもの潜在的な力が総動員される。

(2) 生活をつくる練習

　授業は子どもの生活においては、特設されたり抽出されたり、生活と切り離された時間ではない。非日常であることに意味があるのではなく、安心して学びを経験できることに意味がある。学齢期の子どもにとって「学び」の瞬間はその中心的な活動であり、幼児期の「遊び」、成人期の「仕事」に相応する。その意味において、授業は子どもの生活の歯車に絡み合った、あり

ふれた日常の中にあり、信頼できる教師によって文化的な欲求を実現できる時間である。学校での授業は間違いなく子どもの生活の一部である。

　学校空間には、さまざまな機能を持った教室や「広場」があり、体育館は体育館なりの、音楽室は音楽室としての機能が備わっている。子どもたちは、その場にふさわしい活動をその場に備わっている機能と結びつけて学ぶ。また学校には日課があり、時間の経過に区切りが生まれ、「あそびの時間」「作業の時間」「造形の時間」「給食の時間」「帰りの会」などがつくられている。このような、活動と活動の区切りや活動から活動への切り替えが、子どもたちの時間概念を育て、今している活動の自覚や意味づけを促すのである。子どもたちが、学校の一日を過ごすうえで教師の役割はたとえようもなく大きく、一コマの授業は限りない意味を持っている。

　学校で教師とともに日課を過ごす時間は、いつも「してもらう」「言われたとおりにする」「いつも他人に合わせている」自分から、「自分でいられる」「やっと自由になれる」「他人のための自分を発見できる」時間になる。

　介入や配慮、指示が多すぎず、かといって孤独にされることはないのが、学校で過ごすうえで大切である。このような時空間でこそ、今の自分の生活を今の自分でつくる練習ができる。大事なことは、学校外での日常では得られにくい、「自分で考える時間」が確保されていることである。

　授業は、将来子どもが自分の生活をつくるための練習であることに基礎を置いている。授業が、人類が築いた文化の"入口"であることは、すでに述べた。子どもたちは大急ぎでこれまでの文明・科学・芸術、人間らしい言動、思考様式を学習しなければならない。それはやがて子どもたち自身が「今」と思う時代になったとき、人間らしく生活するためであろう。

　したがって、学校での日々、学校での授業はやがてくる将来の「今」のためにあるのである。このことは、どんな障害のある子どもたちでも同じである。それは実用主義的なその場しのぎの、あるいは受験のための薄っぺらな知識や技術の習得に意味があるのではなく、将来において「今」を生きる人間になるための入口であり、練習であることに意味がある。

しかし、これは一単位時間内の問題には収まりきれない。信頼できる教師と共同して学校での日課を豊かに過ごす経験、さまざまに変化する日課を子どもが主人公として教師のもとで過ごす経験が、将来自分一人で生活する練習になる。学校での学びの時間が、やがて生きる力につながるのである。このことを教師の側から見ると、日々の授業は子どもとの共同によってつくられ、教師が教師になる時間である。文化の世界に参加したいという子どもの欲求に応え、子どもと誠実に対面し、対話する教師が子どもを育てているのである。

(3) 教師の思考・子どもの思考

一つひとつの授業過程で、人類の学習経験が再現・追体験されることはすでに述べた。人間は道具や記号、文字……あらゆるものを発明してきた。では子どもたちは、それをいつも享受するだけだろうか。そうではない。子どもはその主体的な活動として、人類の発明を追体験する。

その際、授業は子どもにとっては主体的活動の場であるし、教師にとって自分が主導する授業は、人類文化の圧縮された教材研究の場、言い換えれば、子どもの思考を通して、授業過程や教師の教材研究が再吟味される場なのである。すなわち、子どもの思考によって授業は再編を繰り返していくのである。

リフレクション8　障害のある子どもは、どのように学び、どのように思考力をつけるのか

これは、乳幼児期から就学期までの子どもたちの観察研究から得られる知見であるが、次のようないくつかの段階を経ることになる。

第Ⅰ期　事物を扱う、目的志向的な実際的行為を形成する段階。幼い子どもたちは、大人の媒介によって、身の回りにある世界のいろいろな事物を、初めは無自覚的に扱い、やがてそれを目的志向的に扱えるようになる。

第Ⅱ期　ことばを使って、言ってみることによって自分の行為を固定化し

ていく段階。子どもは、ことばと事物、ことばと行為・動作を一致させ、言語とそれが意味のあるものを相互に補強させていく。
第Ⅲ期　イメージ（表現）を形成する段階。子どもは物がなくても言語によってイメージを持つ（表象化する）ことができるようになる。やがて想像したり、想起したりする力の基礎となる。
第Ⅳ期　論理的思考の要素を形成する段階。子どもは、自分の考えを言語化し、接続詞や接続法を学びとり、意図や論理に基づいて思考を組み立てることができるようになる。

　子どもを外側から観察すると、大まかに以上のような段階を経ていくが、知的障害のある子どもの場合は、まるでこの移行はスローモーションのようであり、事物を扱う外的な行為から、言語に支えられた知的な行為にゆっくりと移行していく。
　無論、教師の意図した授業づくりは、このような子どもの思考力の発達段階によって、子どもの思考様式や個人差によって変更を余儀なくされる。つまり、授業のたびごとに、再編を繰り返していくことになる。同じ題材の授業でも、そのたびに再編されるのである。
　授業は知識・技能を子どもに押し付ける過程ではなく、子どもの思考によってつくりかえられる過程であり、まさにそのことが子どもの思考の発達であり、教師にとっての授業づくりである。人類の文化は、このようにして子どもたちのものとなっていく。だから、授業がうまく進まない、上手にできないことを子どもの思考力の低さのため、障害のせい、と考えるのは浅はかである。教師が用意した教材が、上記の四つの段階に適していなかったのである。別の言い方をするならば、その子どもの発達の最近接領域にないような、無謀な授業計画であったと考えるべきである。

(4) 教師の集団思考力

　人間の思考は自分一人で行っているように思えるが、実はそうではない。幼児の頃、それまでの思考が、言語に支えられた言語的思考に変化する。だいたい2歳以降、子どもは他人と意見を交わすことから始める。つまり自分の考えを他人の考えといつもぶつけ合いながら、人間はその思考力を高めて、相互に成長していく。意見の食い違い、対立、口論、意見交換、口げんか、討論……等のさまざまな過程を経て、人間はお互いに他人の意見を自分のものとして取り入れ、また新たに自分なりの考えを形成していく。そのような他人との交流によって、あるいはある集団に属することによって生じる思考を「集団的思考」と言う。

　さて学校では、子どもの教育方法や教育内容をめぐって、教師たちどうしのこのような集団的思考が日常的に行われていることになる。それは、何も授業研究の時だけではない。職員会議、学年、学部、校務分掌などの単位での話し合い、保護者との話し合い、職員室での何気ない会話、やりとり、行事の打合せ…、これらは教師と教師が集団的思考を行っている過程である。

　これらのことは、確実に連絡・伝達するとか、報告するとか、情報を全員で共有するということに意味があるばかりでなく、教師が考えを出し合い、修正し合う、教師の集団的思考そのものが行われる場であることに意味がある。学校という社会的な装置の中で教師の集団的思考は、大きな力を発揮する。それは「この子どもの教育をどうしようか」という一点に思考が焦点化された議論を経るからである。仮に「研究授業」を例にとれば、一人の教師が行った授業に全教師の思考が反映され、それがまた一人の教師が行う次の授業に反映されていく。意見交換、質疑応答、討論、感想表明……これらのことが非常に大切で、対立し、食い違った方がよいのである。このように学校では、教師の集団的思考が、教育力そのものにつながっている。

　さてもう一つ、学校で起きる大切なことは、上記のような教師の集団的思考と子どもの集団的思考とが、日々、授業の中でぶつかり合っているという事実である。教師であるならば、授業が自分の思いどおりにはいかず、子ど

もたちの抵抗に出会った経験を持っている。しかしそれが、その後の力に変わっていることも知っている。大人と子どもとの集団的思考が発生する場こそ、授業の過程である。もちろん、子どもの思考を認め肯定するところからスタートすべきなのは言うまでもなく、子どもの集団的思考と教師の集団的思考の絡み合いが子どもたちを発達させる原動力である

(5) 教師の性格・人格は授業を通して子どもに伝わる

　教師が子どもと同じ日課を過ごすことに意味があると気がつけば、子どもたちのまなざしは、いつも先生にくぎづけであるということにも思いあたる。子どもたちは教師たちがどうするか、じっと見ている。子どもたちは、知識や技能を身に付ける前には、自分の先生の人柄、人間的な魅力（人格）の方を先に学んでいる。知識や技能は、教師の「人柄」というフィルターを通して子どもに伝わっていく。例えば、いろいろな授業で知識・技能・習熟を学ぶ際、子どもたちはそれを教えてくれる先生がいったいどんな人なのかを、先に学んでいる。すなわち、せっかちな先生であるとか、すぐ怒る先生であるとか……子どもたちは、それが分かるのである。したがって、授業における教師の性格は、無関係どころか重要な要因である。

　上述してきたように、大人と大人とがどう接するか、大人が子どもにどう接するかは、人間のあるべき姿の見本である。人類が歴史的・文化的に形成してきた相互理解・相互協力という人間らしい行動様式を、子どもたちは教師集団のありようを見て学ぶ。

　現代の学校の仕事は、教師の人数が多かったり、仕事が多すぎたりすると、無責任な形式的遂行になりやすい。教師たちが自分の持ち味を出しつつ、丁寧に子どもたちが向き合うことができるようにするため、教師どうしは相互に信頼し合える集団をつくらなければならない。職員室での何気ないやりとり、研究会、会議、打合せ……、これらは全て子どもたちに伝わっていく。子どもたちを大切に思うのであれば、同僚も大切にできる。欠点を指摘することが大切なのではなく、自分はこう考えている、ということが大切

である。子どもには一人の人間として接するように心がけ、真心を捧げるのである（スホムリンスキー）。物事やスキルを教える対象としか子どもを見ようとしない教師は、しなやかな教材になりえない。同僚からも信頼されない。仲間を大切にする広場が教師にも必要である。

　一人ひとりの子どもの学びの中で、これまでの人類が行ってきた創造と学習が繰り返されて、やっと人間社会が成り立っている事実に目を向けるべきである。授業の営みの中に、人類の全てがある。したがって「授業」とか「授業研究」ということばを安易に用いてはならない。同時に、日常的に易しいことばで授業について語り継いでいくことが、今後の特別支援教育に求められる。

文献

1 ）清水貞夫編著『障害児教育における授業改善の技法』学苑社、1997
2 ）湯浅恭正・冨永光昭編著『障害児の教授学入門』コレール社、2002
3 ）山口勝弘・古屋義博編『子どもの発達支援 ― 障害児教育のフィールドワーク ―』啓明出版、2005
4 ）冨永光昭・平賀健太郎編著『特別支援教育の現代・課題・未来』ミネルヴァ書房、2010
5 ）戸田金一『真実の先生 ― 北方教育の魂　加藤周四郎物語』教育史料出版会、1994
6 ）小畑文也・鳥海順子・義永睦子編著『Ｑ＆Ａで学ぶ障害児支援のベーシック』コレール社、2013
7 ）広瀬信雄編著／訳『盲ろうあ児教育のパイオニア・サカリャンスキーの記録』文芸社、2014
8 ）Ａ．Ａ．レオンチェフ著，菅田洋一郎監訳『ヴィゴツキーの生涯』新読書社、2003
9 ）ヴィゴツキー著，広瀬信雄訳『子どもの想像力と創造』新読書社、2009
10）スホムリンスキー著、笹尾道子訳『教育の仕事』新読書社、1987
11）渡邉健治・湯浅恭正・清水貞夫編著『特別支援教育の授業づくり・授業創造の基礎知識』クリエイツかもがわ、2012
12）湯浅恭正・新井英靖・吉田茂孝編著『特別支援教育のための子ども理解と授業づくり ― 豊かな授業を創造するための50の視点 ―』ミネルヴァ書房、2013
13）新井英靖他編『自閉症児のコミュニケーション形成と授業づくり・学級づくり』黎明

書房、2011
14) 湯浅恭正他編『特別支援教育のカリキュラム開発力を養おう ― 授業を「深める」ことのできる教師になる ―』黎明書房、2008
15) 広瀬信雄『教師の教えたい気持ちと子どもの学びたい気持ちをつなげる教材・教具』学校の授業や支援に使える教材・教具アイデア集　第1集 pp.4-7 所収　山梨大学教育人間科学部附属特別支援学校、2010
16) 広瀬信雄『教材・教具と学習集団 ― 個人別課題学習と生活単元学習における教師と教材・教具の関係 ―』学校の授業や支援に使える教材・教具アイデア集　第2集 pp.4-10 所収　山梨大学教育人間科学部附属特別支援学校、2011
17) 広瀬信雄『知的障害児教育における教材観 ― ヴィゴツキーにみる教材観 ―』学校の授業や支援に使える教材・教具アイデア集　第3集 pp.4-8 所収　山梨大学教育人間科学部附属特別支援学校、2012
18) 広瀬信雄『教材としての学校空間 ― 学校という装置の特徴 ―』学校の授業や支援に使える教材・教具アイデア集　第4集 pp.5-9 所収　山梨大学教育人間科学部附属特別支援学校、2013
19) 広瀬信雄『ふつうの生活に巻き込む発想と教材・教具』学校の授業や支援に使える教材・教具アイデア集　第5集 pp.7-9 所収　山梨大学教育人間科学部附属特別支援学校、2014

（廣瀬信雄）

第3章
授業づくりのリアリティを求めて

　本章では、これまでの二つの章で展開された二人の授業づくりの考え方と対話しながら、これからの特別支援教育の授業づくりの行方を展望する。二人の授業論の背景にあるのは教材文化論・指導技術論・学習集団論・教師論といった授業づくりに欠かすことのできない基本的な論点であり、授業という営みを考えるための重要な枠組みである。しかし、学校を訪れて授業の様子に接してみると、「そもそも授業という営みをどう考えるのか」をあまり意識せずに研究と実践が進められている事例が少なくないように思われる。

　そこで、本章では、まず前半で授業という営みをどうつかむのか、特別なニーズに対応することがいっそう求められる時代にあって、子どもにとってリアリティのある授業をどう構成するのか、また特別支援教育の授業を、教師自身の生活にとってリアリティのあるものとしてどう受け止めることができるのか、特別支援教育の授業づくりに挑もうとする教師は何を手がかりにして実践を進めてきたのかをめぐっていくつか論点を提起する。そのうえで後半に、2章までの二人の授業づくり論から学ぶべき課題を考えてみたい。

1　授業づくりのリアリティと教師

(1) 特別な教育的ニーズと授業

　2007年に特別支援教育の制度に移ってからも特別支援学校・学級への期待は大きく、そこに入学・入級する子どもは増える傾向にある。それは障害のある子どもたちの特別なニーズへの対応がいっそう求められている証拠でもある。

　特別支援学校において「日常生活の指導」「自立活動」といった領域が設けられ、それが授業づくりとして取り組まれているのも、通常の子どもに比べて、こうした領域の指導により重点を置くことが意識されているからである。しかし、今、そもそもこれらの領域に何が求められるのかという教育実践論の基本に立ち帰った問いかけは少ないのではないか。

1)「日常生活の指導」と授業

　教育課程の領域でも特に「日常生活の指導」は、一般に理解されている「授業」という営みとしてつかむことがどこまで可能なのだろうか。障害の重い子どもの事例で考えてみよう。「日常生活の指導」は、朝の会等を中心に取り組まれ、持ち物の整理や着替え、日付や天気の確認、さらに一日のスケジュールの確認といった流れに沿った「授業」が計画されることが多い。

　確かに日付や天気の理解等は、認識の力を育てるという点では授業指導に位置づくといえる。しかし、「朝の会」は、子どもたちがこれから始まる一日の生活に期待を寄せて、教師や友達とゆったりと交流しながら気持ちを整え、意欲を高めていくことをねらいにしている。そこでは「授業」というよりも、集団の雰囲気を感じ取り、着替えようとする気持ちや体調を尋ねる教師に自発的に応答する意欲がどう育っているかが指導のポイントになる。

　「朝の会」の呼名の場面で子どもたちから意欲的な反応を引き出そうとする取り組みでは、教師と子どもとの信頼関係や自発的な応答を待つ「間」の意義が指摘され、コミュニケーションを成立させて、相互作用がいかに引き

出されているかが実践の課題として強調されてきた[1]。

　障害の重い子どもの特別なニーズに注目するからこそ、日常生活の指導が「授業」というよりも、ともに生活をつくる中で育つ子どもの意識・内面に視点を置いた取り組みが求められると考える。教師との関係をつくり、存在感を確かめる「場」として朝の会を捉えるとすれば、「授業」というつかみ方よりも、まさに生活指導の場として位置づけることが妥当だと言えよう。

　障害児教育の教育課程において、「日常の生活指導」が「日常生活の指導」という名称に代わってから既に久しい。教育実践において教科指導とともに生活指導の領域を設定して教育課程が構成されてきたのは、ともどもに生活をつくり出しながら、生活への見通しを育て、人格的な自立・成長を促そうとしたからである。繰り返される日常においてどのような生活を創り出すのか、その質が障害のある子どもの発達に作用することを期待して設定されたのが、「日常の生活指導」である。

　それに対して、「日常生活の指導」は、身辺生活の自立を指導することが重点にされ、身辺処理のスキル形成に力点を置く。この捉え方が、教科指導を中心にしたイメージの強い授業指導の論理に添った「朝の会」という理解につながっていく。もちろん、ともに暮らす仲間に気持ちを向けて一日の始まりをスタートさせることだけでは、日常生活の動作（ADL）の指導＝個別の課題に添った指導がおろそかにされるのではないか。だから、授業化することが必要だという声も少なからずある。

　一定の時間に集中して友達とともに順序よく計画が立てられて「朝の会」は展開する。それを授業時間としてつかむことはできよう。しかし、生活指導の一環としての「朝の会」の意義を押さえながら、指導を構想することによって、障害児が教師や仲間とともに生活を意味づけながら学校生活を過ごすための能動的な姿勢の育ちが期待できる。生活指導の論理から、日常の生活をつくる指導が求められよう。「帰りの会」を含めて、改めて「日常生活の指導」のつかみ方を問い直してみることが必要である。

2）自立活動の指導と授業

　2002年に自立活動の領域が「養護・訓練」の領域に代わってからかなりの時が過ぎた。この指導領域は、障害による学習・生活上の困難さに対応することを主な目的にしている点に変わりはない。特に障害のある子ども自身が主体的に困難さの克服に取り組むことを意図して設定されたものであることはよく知られている。

　「環境の把握」「身体の動き」という指導の視点は、従来の「感覚訓練」「運動訓練」という指導の主旨を引き継ぎつつ、「把握する主体」「動こうとする主体」に力点を置いたものである。それに比べて、「健康の保持」「人間関係」「心理的安定」「コミュニケーション」の視点は、特別な領域というよりも、教育活動の全体を通して形成される内容を含んでいる。かつて「特設された養護・訓練」と「配慮された養護・訓練」の二つに区別されたように、教育活動全体で「健康の保持」等の視点は配慮できる。

　もちろん、特に自閉症スペクトラム障害のある子どもたちの課題にされてきた対人関係の困難さに注目するとき、その克服を教育活動全般に委ねるのではなく、「人間関係」「コミュニケーション」の指導を自立活動として取り出して授業に位置づける意義は否めない。この意義に添って、SST（ソーシャルスキルトレーニング）を中心にした指導事例は枚挙にいとまがない。

　しかし、こうして展開される自立活動の指導が「授業の指導」である以上、そこには授業づくりの論理がどう踏まえられているかが問われねばならない。特別支援学校でいえば、学習集団の構成が、自閉症の子どもだけでなされるのか、それとも多様な障害種の子どもを含めてなされるのか、それらの意義が検討されなくてはならない。また、訓練的要素を持つとはいえ、人間関係をつくるスキルの形成が、指導する教師と子ども、また子ども相互のどのような関係の中でなされるのかも課題となる。学習集団の雰囲気をはじめ、自立活動の指導の導入場面や展開場面での指導の重点は何かなど、授業過程論としての省察が求められている。

　「環境の把握」や「身体の動き」の内容を指導する場が子どもたちの主体

的な活動を促す意図を持つからこそ、そこには先に指摘した授業を成立させる論理を踏まえた場面がどう構成されているかに留意したい。

一方、教育活動全体を通して自立活動を意識した指導を進めるといっても、ともすれば、教科指導や生活単元学習といった指導に隠れて、指導の重点が曖昧にされるという問題を抱えている。例えば、教科指導において自立活動をどう意識すればよいのだろうか。

知的障害の支援学校（小学部）の取り組みを事例にみてみよう[2]。そこでは「ことば・かず」という教科の領域を設定し、「ことば」の授業では「きしだえりこ」の「いろいろなおとのあめ」という詩をもとにして、「自分の好きなあめの音を見つける」「自分の好きな行を見つける」「私たちの雨の音をつくる」ことを指導の重点にした授業が構想されている。一貫して、子どもたちに自己を意識させる目標が大切にされている。

自立活動の「心理的安定」「人間関係」「コミュニケーション」といった内容が、教科指導に取り組む学習集団形成の課題（子ども相互の評価や教師どうしの連携による学びの楽しさを共有する視点）を意識することによって展開されていることに注目したい。そして、先に指摘したような「自分の好きな…」という構想には、自立活動の内容に必須な自己形成という発達の課題が意識されている。人間関係をとり、コミュニケーションの力が育つためには、単にスキル形成の次元だけではなく、教師や仲間とともに教材の世界に挑もうとする肯定的な自己理解の形成が踏まえられねばならないからである。

教科指導以外の領域においても、そこに自立活動の内容が示す指導の課題の土台になるものをどう育てるのかを意識することが、特別なニーズに添ったリアリティのある授業をつくる課題に応えることになる。

(2) 学び論と授業づくり

　学校教育の課題として、従来の「学習論」に対して「学び論」が盛んに強調されるようになってきた[3]。その背景には、学校・教師が設定したストーリーに沿って展開される学習が子どもたちにとってはバーチャルなもので、そこから逃走する現代の教室が問題視されているからである。これに対して、リアリティのある授業を構想する方向としての学び論が提起され、そこには当事者としての学びを回復しようとする意図が込められている。

　こうした研究の動向を、障害のある子どもの授業づくりにどう引き取ればよいのだろうか。以下では、障害児教育において当事者の学びを重視してきたと言われる生活単元学習のつかみ方を考え、さらにリアリティのある学びがどう成立するかが常に問われてきた障害の重い子どもの授業づくりをめぐって、その方向を考えてみたい。

1）生活単元学習の学び

　通常の学校において生活単元学習に関わる議論としては、長期的に振り返ると小学校の生活科の登場、また総合的学習の展開が思い出されよう。しかし、今では生活単元という用語はほとんど使われてはいない。

　それに対して障害児を対象にした教育で生活単元学習は、今日でも中心的な指導を示すものとして位置づけられている。それは障害児の発達を考慮して身近な生活や体験を題材にした単元による指導が必要だという理由、また、将来の生活に役立つことに重点を置くことが必要だという理由から衰退することなく継続して展開されてきた。

　こうした理由から生活単元学習を理解する立場に対しては、「生活主義教育」という視点からの批判が繰り返しなされてきた。一つの事例をあげれば、校外で動物と触れ合うことを目的に、馬に乗る体験を活動にした特別支援学校での生活単元学習がある。そこでは、日頃は体験したことのない世界への期待感を持たせようとするが、つい馬に乗る時の安全についての約束を守ることに目が向き、管理型の授業になりがちだ。

　障害のある子どもに自己決定の力を育て、そのための学びの当事者性を重

視しようとすれば、数多くの体験を取り入れた生活単元の計画が必要である。多様な体験や情報の中から自分で選択して生活をつくりだす力を育てようとするからである。校外での馬乗りという体験もその一つである。したがって、こうした体験重視の活動が、先に指摘した「生活主義教育」だと評価することには慎重にならなくてはならない。生活単元学習が、自己決定論を柱とした子どもの発達に寄与する可能性を持つ点を改めて押さえておくことが必要である。

しかし、多様な体験がどう障害のある子どもの経験として意味を持ち、生活のストーリーに位置づくのかが忘れられて、つい体験に伴う生活のスキルや約束の指導に重点を置いた授業になってしまう。その意味では、生活単元学習が陥りやすい体験主義とスキル形成への傾斜は、今日もなお見逃せない問題点だと言える。

こうした両面を持つ生活単元学習を当事者の視点から問い直す切り口は何か。それは一つには、障害児に育てるべき目標を問い直すことである。「自分づくり」に視点を置いて生活単元学習を展開してきた特別支援学校小学部の事例[4]では、自己肯定感を軸にして「活動や友達へのあこがれ」「主体的な自我の発揮」「達成感・成就感」が授業の目標を構想する視点として設定されている。発達的に小学部から中学部段階において教育実践全体を通してどのような「育てるべき子ども像」を描くのか、先の事例のような「自分づくり」を想定した生活単元学習の授業が、当事者の視点に立つ教育実践に位置づく条件だと言えよう。

二つには、障害のある子どもが学びの当事者として生活単元学習というカリキュラムにどう参加するかである。カリキュラムが「学びの履歴」という意味を持つことは既によく知られている。そうだとすれば、自分たちが学ぼうとする活動（生活単元）がどのような意味を持ち、どのような単元・活動を学習要求として持つのかを意識化し、「学びの履歴」を蓄積することが必要ではなかろうか。

生活単元学習は、大きく「遊び」「ものづくり」「現実生活の学び」という

三つの系にあることはこれまで論じてきた[5]。むろん発達を考慮してではあるが、例えば、高等部段階にもなれば、これらの活動について、教師集団とともに単元を計画するといった視点が求められている。中学校・支援学級の生活単元学習においても同様である。「遊び」は単に幼少期にだけ必要な活動ではなく、思春期から青年期にかけての生活の軸にもなるものである。労働という生活とともに、余暇を楽しむ活動は、生活の自立にとって極めて重要な要素である。将来の生活への準備を大切にするというのなら、こうした余暇につながる遊びについても、学校の時代に積極的に取り入れることが留意されてよいと考える。

　以上の二つの切り口に共通するのは、指導者である教師（集団）が、障害児の自分づくりの世界と学びの履歴づくりに参加し、また障害児も活動の主体として学びの履歴づくりに参加するという考え方である。生活単元学習の細かな指導方法は多様に工夫されてきているが、ここで述べてきた課題を意識することがなければ、相変わらず生活単元学習の豊かな可能性に目をつむり、生活主義教育と批判されてきた時代を繰り返すことになろう。

　2）障害の重い子どもの学び

　特別支援学校の授業に立ち会うと、授業の導入や最後の場面で、教師（集団）と子どもたちが共同で学習の場を構成しようとして一人ひとりに呼びかけ、心地よいコトバかけによって楽しい雰囲気をつくり出し、また学習の成果を子どもに代わって肯定的に評価するのを見かける。こうした指導姿勢は、単に場を盛り上げようとするのではなく、特に障害の重い子どもたちにとって、一日の生活の中に学校と授業という場がリズムとして位置づくことを意図するからである。1979 年の養護学校義務制以降、それまで在宅で猶予されてきた子どもたちが学校に通うことによって死亡率が減少したという事実は、学校と学びの場が障害児にとっての生存のリアリティに迫るものであることを示している[6]。

　では、特に障害の重い子どもたちに日々の学びがリアリティのあるものとして届いているのだろうか。先に指摘した授業での楽しい雰囲気づくりは学

びの場をリアルに実感させるための視点だといえる。

　しかし、授業の展開過程で、子どもの学びの質を評価して、教師（集団）が代弁し、返していく指導は主観的でリアルに子どもの発達を捉えきれてはいないという指摘はよくなされている。そのため最近では障害の重い子どもの学習到達度のチェックリストの活用事例が提起されたりしている[7]。筆者の共同研究においても、子どもの表出に注目した学習の質の分析項目を提起してきた[8]。

　いずれも身体や言語の原初的な次元から、障害の重い子どもの学習をリアルに理解しようとするものである。日々の授業を通して集められたデータとその中長期的な変化によって、個々の子どもの学びの成果を把握することができる。しかし、同時に留意すべきは、こうした変化を期待する意図、育てたい子ども像の検討である。例えば、「探偵団」（探偵事務所に依頼人の教師が米や小豆、飲み物の入った箱を持って訪ね、子どもが五感を使って箱の中身を調べるというストーリー。）を題材にした授業[9]では、「障害も重い子どもも好奇心のかたまりだが、日常生活では出来事がさらりと流されてしまい、じっくりと見たり、聞いたり、感じたりすることができず、授業を通して、周りの世界をしっかりと捉える経験をさせる。」点が意図されている。

　外側から評価しうる表出等の行動の変化の裏に、育てたい子どもの姿をどう意識するのか、それが障害の重い子どもの学びのリアリティに迫る実践の課題だといえる。授業を通して体験することが、どう障害児の経験として主体に位置づいていくのかを問おうとするからである。

　そして、原初的な「見る・聞く・感じる活動」も、どのような対象（教材）に対してなのかが問われるのであり、どんな教材でもよいわけではない。目の前の子どもが出会い、しっかりと見分けようとする力を育てるために相応しい教材文化の検討が求められる。ICT論に添った教材・教具論では、映像を使ってモノをリアルに提示する技法も盛んに見られるようになった。むろん、何でも実物という考え方は問題ではあるが、五感に訴えることの多

い障害の重い子どもの授業において実物を横において機器の中の映像に注視させるといった場面もないわけではない。

更にこうした子ども像と教材をもとにして、働きかける教師と子どもとの「間」の検討も課題である。学習活動に乗りだそうとする「間」、活動した後の「間」によって障害の重い子どもたちは気持ちの溜をつくり、自分を意識することができるからである。

(3) 授業づくりに挑む教師の姿勢

通常学校での特別支援学級を中心にした授業研究に立ち会うと、「この分野は門外漢だから」「障害については素人なので」などといった枕詞から議論が始まることがよくある。教育学の概論書や教員養成のテキスト等にも近年ではやっとこの分野がきちんと位置づけられるようになったが、永らく副次的な扱いが続いていた。今でも、場合によってはほとんど位置づけられていないこともある。

こうした状況にあって、特別支援教育の授業づくりを自身の教師生活の中に位置づけてきたかたがたにとっては、何がそこに魅力を感じさせてきたのだろうか。

1) 授業過程の構造を可視化する姿勢

一口に授業というが、その営みには多くの条件や要素が絡み合っている。それだけに授業づくりの研究はなかなか持続しにくい。また、授業づくりの実践研究といっても、細かな指導技法の開発の次元にとどまっていて、障害のある子どもにとって何のための研究なのかが不鮮明なものも少なくない。

意識的にこの分野の授業づくりに挑んできた教師には、授業というプロセスの営みを可視化し、授業過程を構造としてつかもうとする姿勢がある。

例えば、先の節で取り上げた高井は、①「わかる」授業、②「教えたいものを学びたいものに」③「差異を生かした一斉指導」といった視点を設定して、自身の授業づくりの取り組みを総括している[10]。

①には、障害のある子どもの知的発達から、「わかる」学びというよりも、

読み書きや計算ができる・できないという側面に重点を置いてきた授業に対して、通常の子どもと同等に「わかる」世界を探究させたいとする願いが込められている。②には、授業指導は、子どもの側に教師の意図が届いてこそ成立するという指導観がある。通常の教育の授業づくりにおいてもその指導観が問われてきたが、障害のある子どもだからこそ、よりいっそう「学びたいもの」にする指導観が必要だという意識に立っている。③については、障害の特性から、個別指導に力点が置かれがちな授業に対して、どう集団の意義を押さえ、特に一斉指導という伝統的な授業形態の意義を障害児に即して考えるかを探究しようとしたものである。

いずれにも、これまでの障害児教育の授業・学習の在り方を再考する意図が込められている。自閉症の子どもたちに対する授業づくりにおいても、「教えるべき内容と思いを持っている教師」「学びあいがある学習集団」「伝えるべき文化としての教材」が授業を構成する要素として指摘されてきた[11]。

また、「知的好奇心」に注目した教材・教具論には、優れた教材・教具の条件として障害のある子どもの「わかる」活動と「楽しい授業」、そしてそれを支える子ども観・障害観が提起されている[12]。

こうした視点を設定することができる背景には、特別支援教育に限らず、わが国の教育実践が積み重ねてきた授業づくり・授業研究の論理がある。Lesson Study として世界的にも注目されてきている授業研究・授業づくりの論理[13] は、特別支援教育においても授業過程の構造を可視化する論理として今後いっそう応用されるべき課題だといえる。通常の子どもたち以上に発達や障害に関して生理的な状態や教室の環境なども視野に入れた多視点的な授業づくりが求められるからこそ、授業過程の基本的な要素を常に確かめ、授業過程をシンプルに可視化する努力が必要だからである。

2）特別支援教育を担う当事者としての**姿勢**

1）で述べた議論は、通常の教育で蓄積されてきた授業づくりの考え方を特別支援教育の分野にただ応用することだと理解してよいのだろうか。かつ

て「特殊教育」と呼ばれたように、障害のある子どもには一般的な授業の原則を応用するだけではない「特殊な論理」に立たなくてはならないのではないかという疑問はよく出される。一般の授業指導の論理には解消できない特別な視点がなければ、特別支援教育の授業論にはならないという意見である。

① 障害児に向き合う当事者性と文化・教材の探究

高井をはじめとして、教授学の論理からこれまでの授業実践を転換しようとする教師たちは、この分野の実践の当事者としての意識を強く持っている人々だと考える。「教えたいものを学びたいものに」という論理を具体化する媒介に教材・教具がある。高井の取り組みには、絵本を中心にした詩の教材がよく登場する。そこでは、例えば、教材＝絵本にあるオノマトペに注目し、それが自閉症児にとって教材と出会う有効な切り口になることを発見している。また、一斉指導で取り組んだ詩の授業が、その場では参加しにくい状況ではあっても授業後にその詩の世界を生活の場で口ずさむといった肯定的な作用を引き出していることも指摘している。

いずれも自閉症という障害に教師自身が当事者として向き合うからこそ、こうした子どもたちの参加に開かれた文化と教材の探究が授業づくりを支えている。それは単に教授学の論理が提起してきた「よい教材」の条件を障害に即して適用するという考え方ではない。

障害のある子どもが授業に参加する媒介としては支援機器の使用がごく普通に見られるようになってきた。それによって参加している仲間とのやりとり・関係をつくろうとするからである。こうした機器の支援によって子どもたちが学習集団に参加しようとするのは、ともに楽しい、深みのある文化・教材の世界を探究しようとするからである。しかし、ともすると支援機器を使えたかどうかに目が向いてしまい、そのことで子どもの学習を評価しがちな事例は少なくない。

高井が文化と教材論の探究を特別支援教育の授業で特に重視したのはそのためであり、「絵本や詩の持つ文化性（言葉のおもしろさや音の楽しさを共

有できるなど）を教材として児童に出会わせ、学習集団の中で聞いて、見て、感じる場を共有する経験。」を大切にするからである[14]。

　障害の重い子どもに対して、先に触れたような「学習達成度」のチェックリストづくりが提起されてきたが、発達の初期段階にいる子どもたちの言語や表情の表出の次元が精緻に把握されている。そしてこうした子どもの実態把握をもとにして、どのような教材を選択すればよいのかが吟味されねばならない。その作業を欠落させて、「○○の表出の力を育てる、要求の仕方を育てる」といった一般的な指導目標が設定されがちである。それを前提にしつつ、どのような教材が、こうした子どもたちの実態とその次の課題・発達の可能性を引き出すことになるのかの検討が求められている。

　②　授業づくりの当事者になる過程

　だれもがはじめから特別支援学校・学級の授業づくりを担う当事者の位置にいるわけではない。むろん、教員養成の専門課程を終えてこの分野に取り組む教師は最初から当事者だといえるかもしれない。しかし、こうした層の教師も、自己の教師としてのライフコースに特別支援教育の授業を位置づけ、当事者性を発揮し、当事者としての力を高めていく。

　特別支援教育の専門課程を経ずに特別支援教育の授業づくりの当事者になる契機として多いのは、支援学級担任の経験である。しかし、そこでの経験が持続せずに、できれば早く「通常」の学級の指導に戻りたいという事例は多い。わが国の特別支援学級教育の条件（人数やカリキュラム、学校の中での位置づけ等、多岐にわたる）がこうした状況を生みだしている。

　では、支援学級の経験を持続してきた教師にとって、何が当事者としての成長を促したのだろうか。高井は、大学の教員養成課程で歴史学を専攻し、学んだ教師である。通常の学校の経験を経て、異動によって支援学級を担当するが、そこで先に指摘してきた文化と教材の探究に関心を寄せて授業実践に取り組んできた。その後は支援学校に移り、そこでも同様の授業実践の原則を大切にしてきた。障害の程度や種類は異なるとはいえ、授業づくりに通底する論理は一貫しているとの確信をしだいに得るようになっていった。そ

れは高井にとっては、自己の教師のライフコースにおいて授業づくりがその軸になり、人生を支え、当事者になっていった過程だといえよう。

　大学の文系学部で歴史学を学んで長らく特別支援学級の指導に関与してきた加藤は、集団と文化を軸にして中学生の自立に取り組んできた[15]。教科学習については、単に通常の教科指導というのではなく、自主的な教材を編成して、先に指摘した思春期にいる生徒の「学び」の過程をつくり出そうとしている。こうした授業が中学生の自己理解という重要な発達課題に添うものであること、そして将来の進路を含めた自立の課題に向き合う力の形成に指導の意義を発見している。

　「通常の教育には解消できない特別な指導の視点を」とする声があることは先に指摘したが、加藤においては小学校時代からの課題を引きずり、思春期にいる生徒の自立の課題それ自体が特別なニーズであり、それに応えるための教育的関係を教科指導や調理といった総合的な学習を通して形成している。

　障害特性だけに特別なニーズがあるのではなく、生徒が生活してきた歴史の中に特別なニーズを捉えようとしている。そこには、不登校支援に強い関心を寄せてきた加藤のキャリアが働いている。

　以上、二人の教師の授業に挑むスタンスを考察してきたが、更に見逃せないのは、当事者としての同僚や他の学校の教師との関係をどう築いていくのか、そこに実践の価値を見いだしていることである。

　加藤は、中学校において通常学級との交流を積極的に計画し、障害理解を進めるとともに、人間の発達についての理解を通常の生徒とともに考える指導に力点を置いてきた。そこには、通常学校における支援学級の位置をめぐる同僚との関係の形成が土台にある。そして、思春期にいる生徒の発達の課題をめぐる支援学級担当者の間の対立と合意づくりなど、常に教師それぞれが実践の当事者になるための場づくりを意識している。

　高井は、支援学校の授業づくりにおいて常に同僚の教師と授業観をめぐって論議し、授業づくりが発達支援の鍵であることの意味を共有しようとして

きた。それも自己の授業観を周囲に押しつけるのではなく、同僚の問いを大切にし、高井自身が授業の在り方を問い続ける姿勢を大切にしてきた。この意味において特別支援教育の当事者になりゆく過程の体験が、授業づくりに挑む教師のスタンスには不可欠だといえよう。

　高井は、今では、通常学校の授業における発達障害への対応の助言も担っている。そこでも、授業づくりの論理が踏まえられているからこそ、通常学級での指導を語ることができるのだと考える。先に、支援学級教育から通常学級教育に戻る事例について少し触れたが、支援学級において高井が体験したような授業づくりの意義やおもしろさをどう刻んで異動するのか、それがあれば、通常学級においても、特別支援教育を担う教師としての力を発揮することができるのだと考える。

　先に何度も指摘した「学習到達度のチェックリスト」を通して、子どもの発達のバランス（偏り）が把握される。その結果から、教育課程全体をどう見直してバランスのとれた発達を保障する実践が展望できるのか、その検討が必要である。教育課程全体を視野に入れた学習の評価が問われるのであり、そこに学校での授業づくりの専門性が発揮されるのだと考える。また、学習状況の評価は、例えそれが指標に添って客観化されてものではあっても、教師一人ひとりの主観的判断はついてくる。そこには評価の偏り、子どもの発達理解の偏りが出てこざるをえない。こうした評価の過程において、どう教師が自己の立ち位置を省察するのか、そのスタンスを大切にすることが、先に述べてきた授業づくりの当事者性の発揮という課題につながっている。

2　授業づくり論との対話

　本節では、教師と子どもの主体性をめぐる二人の授業論から示唆される点を考えながら、特別支援教育の今後の授業づくりの課題を検討する。

(1) 子どもの「主体性」と成田授業論との対話
1)「主体－主体」関係としての授業

　子どもの主体形成を重視する授業づくりの系譜は、常に指導との関係で議論されてきた。指導に代えて支援論が提起されてから久しいが、教育方法学において指導概念は今日でも大切な課題の一つにされている[16]。成田が強調する子どもと教師の相互性、つまり相互主体を軸にした授業づくりのポイントは、それぞれが主体になりゆく過程に目を向けることである。しかし、今日の特別支援学校・学級の授業の傾向は、「主体」といいつつ、双方が固定化された位置での議論が多い。例えば、「学習環境の整備」という視点で、場の設定や教材・教具の工夫で、障害児が学習に見通しを持つことができる状況をつくる学習指導案はよく見られるものである。しかし、そこには「環境の整備 → 主体形成」という短絡があるのではないか。見通しを持つことができる状況は、教師と子どもとがやり取りを繰り返し、ゆっくりと生み出されるものだからである。

　成田がいう相互に関係を構築する過程で、主体になりゆく論理が今、授業づくりには見失われようとしている。成田は「させる・させられる活動」と「する活動」とを対比して、教師主体の活動が子どもの達成感の少ない状況を生み出すことを指摘しているが、そこでは教師自身にも達成感のない授業、いわば主体になりゆく過程を体験することのない授業が展開しているのだといえよう。

　こうした実践の動向の背景にあるのは、パターナリズムを軸とした障害のある子ども理解の問題である。成田はそれに意を注ぎ、受動的・依存的な子ども観への鋭い批判的まなざしを向けている。

　もちろん、今からちょうど40年前（1975）の「障害者の権利宣言」が言うように、障害者は、他者からの保護を権利として有する存在である。その点で、可能な限り、子どもが主体として力を発揮できる状況を整備する観点は授業づくりにおいても重視されねばならない。先に指摘したように成田は、「依存的」子ども観の問題を指摘しているが、保護・依存を要求し、そ

れを保障することを権利として持っているのが障害者である。この要求・権利に応えることが、障害のない立場にいる者の責任でもある。障害者に心を砕き、世話するというケアの論理は重視されなくてはならない。それは授業実践においても通底する基盤でもある。

しかし、「権利宣言」は同時に障害者の尊厳（誇り）が尊重されなくてはならない点を強調していることを見落としてはならない。成田が教師の弱者・劣等者観の問題を指摘しているのも、ケア論がともすれば当事者である障害児の主体形成ではなく、「させられる活動」に結びつきやすい論理を胚胎していることを危惧するからである。障害児にとって「する活動」が成立するには、何よりも障害児の当事者性が尊重され、潜在的な力が発揮されるエンパワメントの論理が踏まえられなくてはならない。

障害児の劣弱性・「できなさ」に注目してきた戦後の「特殊教育」を転換し、「できる状況」づくりを提起した小出進などの論理、さらにはICF論による生活環境に着目した論理とそれの授業づくりへの援用論などが、相互に主体になりゆく論理としての「主体－主体」関係をどう踏まえているかの検証が改めて必要になろう。

2)「よい授業」への問いかけ

子どもたちの活発な活動が展開するのが「よい授業」だとする皮相な論理を転換しようとしたのが教授学の論理である。成田が特徴づけている林竹二の授業論をめぐっては、専門研究者による特別な場での指導・一方向的な指導という批判がありつつ、子どもたちの日常の常識的な思考をゆさぶり、飛躍させる授業づくりの一つの典型として評価されてきた。

「よい授業」ではなく、「すぐれた授業」の要件を指摘した吉本均の議論にも、子どもの発言の多さで主体性を評価するなどという安易な立場を批判して、教える主体としての教師の位置を明確にしようとした教授学の論理が貫かれていた[17]。今日、学習指導要領の改訂に伴ってアクティブラーニングの奨励が盛んになされているが、そこでは林や吉本の底流にある教授学の論理からではなく、主体的に見える活動主義と「活用型学力」などという形で

示された機能主義的な形式陶冶の捉え方がある。グローバル化した社会への活用という内容は問わない（正確には、こうした社会に適応できる人材育成の内容に特化された活用力。）学習指導が推奨されようとしている。

　こうした今日の状況に対して、指導する意図と教育内容を明確にする教授学の論理を再び位置づけようとするところに成田の授業論の意義がある。そこで見逃してはならないのは、成田が、教師と子どもの両者が主体となって学ぶことを強調している点である。それは成田によれば、「主体－主体」としての授業の論理であり、ともに主体となって「予想できなかった高みに登りつめる授業」である。そこには、皮相な活動主義に立つ授業からの転換を意図した授業論がある。ともに主体となって展開する「共同」の授業という枠組みがどう意識されていたかへの問いかけがあるように思われる。

　林の場合には、強烈な教師の働きかけに集中する学習集団がその場でというよりも、担任教師と子どもとの共同で形成されていたのであり、その歴史的過程の成果があるからこそ、林の授業は成立したのだといえる。吉本の場合、教師の授業進行に対してストップをかける学習行為を重視し、子どもの参加と意見表明の力の育成それ自体を授業指導の課題にしてきた。そこにも子どもとの共同論が意識されていたといえよう。いずれも、授業という場を成立させ、その場に参加することを意識化し、また行為として意見を表明する子どもたちの力があるからこそ、共同が成立したのである。

　しかし、共同とはいえ、その力を形成すること自体がまた授業指導の課題でもあるという授業づくりの論理、そして障害のある子どもたちの授業において、成田のいう「する授業」論にどう「参加と意見表明の論理」を貫くことができるのかが問われよう。

3) 教材解釈を支えるもの

　授業研究と言えば、一般には教材解釈の在り方が問われ、それが議論の中心になることが多い。しかし、不思議なことに特別支援学校・学級の授業研究では子どもの障害特性や発達の理解に重点が置かれるのに対して、教材解釈の在り方が正面から取り上げられることは少ない。なぜだろうか。

それは第一に、教材の背景にある教科の捉え方、また前の節で検討した生活単元学習や作業学習をどう教育実践に位置づけるかの問いかけが脆弱だからである。この位置づけに問われるのは、授業を通して育てたい子ども像の探究である。その探究は、学習指導要領等を中心に制度化され、定式化された視点を前提にしつつ、教師の創造的な営為としての教育実践とそれを裏づける知の豊かさを通して進められるものである。成田は作業学習や専門にする美術の授業において、障害のある子どもにとっての体性感覚の意義を主張している。体性感覚や共通感覚について、その根拠になっているのは、成田の実践哲学にあるクラーゲスの論理にも通じるが、その具体的な論理は既に成田の主著[18]を通して提起されている。

　こうした体性感覚論が、育てるべき子ども像にいかに関連しているのか。身体を媒介にして「働きかけると応答してくれる」世界、つまりは自己の存在を確かめ、また自己とつながる世界の存在を確かめる経験が蓄積され、それが肯定的な自己理解を育てることになるのだと考える。こうした自己理解の力は障害のある子どもたちにとって社会的な自立の土台になるものである。そして前節で指摘してきた「自分づくり」の重要な要素でもあり、今日強調されているキャリア教育にとっても欠かすことのできない視点である。

　今、支援学校の高等部を終えてから社会に出るまでの「卒後の学びの場」をつくる活動が全国で展開されようとしている。この学びの場は、単に就労の技能だけを身に付けるのではなく、自分を見つめ直し、自分づくりに取り組む場としての意義を持つ。それだけに、こうした卒後の学びの場とともに、学校教育の時期において日々繰り返される授業が、障害のある子どもにとって存在を確かめ、自分をつくることにどう寄与するかが問われている。生活単元学習や作業学習について特別支援教育には数多くの教材と指導の事例が蓄積されているが、ミクロな次元にとどまり、成田が提起したマクロな視点からの教材解釈論の議論は少ない。

　子ども像という点では、前節で強調した当事者性も見落とせない観点である。成田はネクタイ人間の事例を通して自信や満足感を満たす教材の価値を

指摘しているが、その内実には、自己の存在を表現しようとする学びの当事者として子どもを育てる視点が位置づいている。

　教材解釈を支える第二のポイントは、授業過程における教師の指導と結びつけて新たに教材を解釈することにある。成田は第一次教材研究・解釈に続いて、第二次教材研究・解釈を提起しているが、第三次の教材研究・解釈の重要性をも指摘していると考える。それは、間接的支援として列挙している視点に示されている。成田はこうした支援が空回りしないために子どもが「どう感じたのか」「どう受けとめたのか」「どう理解したのか」という内面の動きに注目することを指摘しているが、そこには子どもの教材解釈をどう教師が判断して、対応するかという授業づくりの核心部分が示されている。それこそ、第三次の教材研究・解釈だといえよう。

　そして、こうしたいくつもの次元にわたる教材解釈の一般的在り方が、作業学習・生活単元学習・教科（美術）の各領域において具体的に示されているのも特筆すべき点である。生活単元学習では「待てない」支援の問題点が授業記録とともに述べられている。それは障害児に思考する機会を奪うという基本的な問題であるが、「授業」という場をつくる視点が欠落しているという問題を含んでいるように思われる。美術の事例において、「無理のない言語化」「自然な語りかけ」「ダイナミックな造形表現活動」等が主体的な表現を引き出すと指摘されているように、教師と子どもたちとが授業という場を共有し、ともに表現活動に挑むという場をつくる、そこに力点を置こうとするからである。

　作業学習で活動の説明と活動後の反省と評価の時間が長々と続く授業の問題を抽出しているのも、導入・展開という定型化した「授業」という考え方に囚われる指導者の固定的な見方への批判を強調しているからである。こうした場づくりの論理が踏まえられなければ、第三次として指摘した子どもたちの活動を引き出し、それに対応する授業展開の大切な場面をつくり出す教材研究・解釈に至ることはできない。

4) 授業をつくり出す批評・研究の意義

　子どもの主体を論じる成田の議論には、常に教師の主体としての「学び」論が貫かれている。「外部講師の招聘」「議論の焦点化」は、ごく一般的な指摘のように思える。しかし、そこには授業をめぐる多様な解釈が交わされる共同性の論理が意識されている。学校内の研究はもとより、自主的な研究会・民間の教育研究団体の研究会においても、定番の解釈で授業実践が討論されることは珍しくはない。

　本節で成田の議論を引き取りつつ紹介した障害児教育の授業づくりをめぐる論点の対立は、今なお解決している問題ではなく、子ども理解や授業観の対立として残されている。それだけに、この対立を克服するという志向は大切だが、なぜこうした対立が生まれるのかを繰り返し議論する場が必要だと考える。筆者はそれを教育実践をめぐる批評論として指摘してきたが[19]、授業研究の在り方そのものが問われている。

　「不可欠な授業研究会の回数」という指摘も、単によい授業を目指した力量の向上という表面的な指摘ではない。授業づくりという営みが、学校の生活として、また教師の生活としてどう位置づくのかを提起したものだと思われる。本書全体に、こうした学校の中に授業研究を軸にした生活が保障される労働条件の整備をめぐる課題は取り上げてはいないが、条件整備・学校経営は日常の営みである授業についての探究という視点が伴ってこそ意味を持つ。

　「学校にある施設や設備に合わせて授業をする」という傾向を成田が批判し、教師の労力を要しない実践に流れる傾向は、今日ますます強くなっている。子どもの主体性を論じた成田は、常に指導する側の「根拠」を問いかけてきた。むろん、根拠といっても、そこにはよく吟味されたものもあるが、経験の少ない初任の教師ではあっても「教えたい価値」を意識した根拠のある指導は可能である。荒削りではあっても、そこに主体としての意図・根拠がある教師の姿勢に、子どもたちもまた応答しようとするからである。

　成田の主張は一見すると若手の教師にとってはハードルの高いものと受け

とめられるかもしれない。しかし、指導案づくりにしても、また授業記録の意義にしても、そこには教師が手づくりで綴る営みを通して、授業に向かう自己の立ち位置を省察し、成長していく過程を支える鍵があるからである。こうした地道な営みを通して、薄皮をはがすようにじっくりと子どもたちの発達に寄与する授業実践の力量は高められていく。授業づくりについての世代間の継承を考える意味で、成田の授業論から学ぶものは多い。

(2) 教師の「主体性」と廣瀬授業論との対話

当然のことだが、子どもの主体性をめぐる成田の授業論にも教師の存在や主体性の在り方は鮮明に示されている。そのように教師の主体性を取り上げた廣瀬の授業論にも、主体としての子どもとは何かが強く意識されて、特別支援教育に関与する教師の在り方が展開されている。六点にわたる廣瀬の問題提起から学ぶものを以下の四点から考えてみたい。

1）教えと学びの当事者としての存在

授業づくりにおいて教師の事情ではなく、子どもの事情に留意せよとの廣瀬の提起は、授業という場がある日突然に成立するのではなく、教師と子どもたちとの共同の中でゆっくりとつくられる意義を示したものである。障害のある子どもたちが家庭から学校へと通い、授業に参加する。そこには多様な生活の背景を持つ子どものっぴきならない事情がある。

障害児が学びの当事者になる過程とは、こうした生活の当事者である子どもの事情がまっとうに考慮されることである。それは授業づくりの前提ではなく、中心的な課題の一つである。そこに教師の主体性の意義があることを廣瀬の提起は示唆している。

筆者はかつて「授業は歴史的過程だ」という授業の論理に学んできた。つまり教師と子どもとが学びの場をともにつくる歴史の一コマ一コマが授業であり、そこには廣瀬が指摘している子どもとの日常的な会話等を含めた人間的な交わりが不可欠である。「授業」という言葉から、相変わらず「起立、礼」で始まる場面は多い。もちろん礼儀は必要だが、学びの場を子どもとと

もにつくり出す工夫が大切ではないか。
　通常学校・学級の授業の場面では、学級崩壊の状態を除けば子どもたちは教師のストーリー・事情に合わせて学びの場に参加してくれている。しかし、障害児教育においては、より丁寧に子どもたちの事情に留意して、廣瀬が強調する「子どもの存在をつくる」ことに取り組まなくてはならない。「存在をつくる」とは、単に一人ひとりという意味ではなく、子ども相互が生活の中でしだいに自他を意識しつつ自分を形成していくことである。集団の教育力の意義はそこにある。
　廣瀬は教師の主体性として「意味をつくる教師のことば」を強調し、授業過程において子どもに働きかけることばが「子どもの内面を支持する」のだという。子どもがそれを実感するにはおそらく教師が子どもの拒否にあいつつ、子どもに届くことばを模索していく共同の過程があるはずだ。指示がなかなか理解できずに活動に踏み出せない時、「子どもの努力不足・障害のせいにして言語化する」傾向は少なくない。しかし、そう思えるほどに障害のある子どもが活動に踏み出す場をつくるのは容易ではない。だからこそ、自分の「ことば」が子どもに届かないのはなぜかを省察することが必要になる。
　授業展開の最後の場面でよく子どもの活動を評価することがある。そこでの評価の「ことば」がどう子どもたちの内面を支持するものになっているかの検討が必要である。おおげさに評価してはいても、子どもに届かない場面をよく見かけるからである。
　ここまで教師の「ことば」に注目してきたが、授業の中で子ども相互も「意味をつくることば」を発しているのではないか。それは表出された言語だけではなく、仲間の活動に姿勢を向け、関わろうとする態度にも示される。こうした多様に見られる子ども相互の「ことば」をつなぐ役割を教師は担っている。それは廣瀬がいう授業において「存在がつくられる」過程に必要な指導である。成田とともに廣瀬も指摘する「主体－主体」関係の授業をつくる鍵として、「意味と存在をつくることば」の役割を今後さらに深めな

くてはならない。

 2）教科論への問いかけ

　子どもの存在を重視する立場からの廣瀬の授業論は、同時に学校の役割・教科の意義を問いかけている点も特徴である。生活的概念とそれに対する科学的概念の意義や「発達に対する教育の主導」の提起には、廣瀬が専門としてきたヴィゴツキーの発達理論が位置づいている。廣瀬の提起は、生活や体験を大切にしてきた障害児の教育が、ともすると本章で指摘した生活主義教育にとどまることへの批判であり、学校が日常生活では得られない文化の世界に障害のある子どもたちを導いていくことの意義と役割を改めて確かめることができる。

　こうした教科を重視する提起は、「教師主導＝主体・子ども＝受動（客体）」の議論ではないかと受けとられるかもしれない。しかし、各教科の向こう側には人間の智恵ともいえる文化があり、その探究に障害児を開いていく学びがこれからの授業には求められていることを強調しているように思われる。

　教授学でいう授業（Unterricht）は、教科を介して（unter）子どもたちを方向づけていく（richten）の意味である。教科は子どもたちが文化を探究する媒介・手がかりであり、廣瀬の用語では枠組みである。それを媒介にしてどのような世界に子どもたちを開いていくのか、その方向づけを主導するところに教師の役割がある。

　しかし、一般に授業は、国語や数学のルールや約束（手かがり）を学ぶことに終始して、こうしたルールや約束を手がかりにして「世界はこう見える」という次元に子どもたちを開いてこなかった。つまり、教科という「窓口」を通してその向こうにある世界にこそ、子どもたちが探究すべき内容があるにもかかわらず、これまでの教科指導は、「人類の文化遺産を極めて断片化」して指導してきた。これでは教科指導が無意味な学習の場になり、断片的な知識を所有してリテラシーを形成しているようではあっても、その知識や技能は子どもたちの主体に深く刻まれず、子どもたちはイリテラシーの

状態にとどまることになる。廣瀬の提起は、今日の学校教育一般の授業と教科指導への問いかけとして重要である。

特別支援教育においても、例えば特別支援学校の国語の授業では、ことばの指導と称して、挨拶の仕方やことば遣いのスキルを取り上げている事例は多い。こうした教科指導の捉え方では、廣瀬のいう世界の見方にまで子どもたちを導いていくことはできない。

人間が生きている世界（モノ・コトガラ）の見方・見え方をどう指導するのか、障害や発達に応じつつ、障害児の教科指導の意義を改めて問い直してみたい。先に指摘したunter（媒介にして）とは教科という枠組みだけではなく、子どもたちのものの見方や考え方を媒介にすることを含んでいる。世界の見方・見え方は子どもたちの内面をくぐって多様に存在する。それだからこそ、集団の場を通して見方や見え方を交流する授業が意義を持つ。

わが国の障害児教育で教科論が盛んに議論された1970年代から既に40年が立つ。代表的な教科指導論を廣瀬が提起している観点から再評価することがこれからの重要な課題である。

3）教師の専門性への問いかけ

特別支援教育の時代になってから、いわゆる発達障害のある子どもの問題が浮き彫りにされて、障害に即した指導ができる知識や能力が教師の専門性として重視されるようになった。自閉症スペクトラムと呼ばれる対象について、その内容の概要を知ることは授業づくりの前提として大切な必要な条件である。しかし、それだけでは授業づくりのじゅうぶん条件を満たすことはできない。

廣瀬が心理治療主義に立つ考え方を批判する根拠として注目すべきは、障害に即した指導論には、教師と子どもとの関係を治療者と被治療者間の「主体－客体」関係に固定化されることを危惧している点である。授業づくりのエキスは、廣瀬が指摘するように、子どもから教師が挑戦を受け、瀬戸際に立たされる場をつくり出すことにある。本書が主要な課題としている「主体－主体」関係としての授業をつくり出そうとするからである。

障害のある子どもが困らないように学習活動にスムーズに踏み出す配慮をする、それは特別支援教育では当然の任務である。そのためにこそ、障害特性を踏まえた授業づくりは必要である。しかし、成田論との対話でも触れたが、スムーズに学習に踏み出す過程といっても、そこにはジグザグがあり、教師自身が廣瀬のいう子どもからの挑戦を受けることはじゅうぶん予想される。瀬戸際に立つこともよくある。こうしたジグザグの過程には相互に主体として授業の場をつくり出す論理がなくてはならない。障害特性に留意しても、学習の過程をつくり出す授業論が欠落するとき、主体としての子どもを育てることはできない。

　今日の特別支援教育の授業づくりでよく見られる障害に即した対応は、一見教師の専門性に焦点をあてているようでも、学びの場をつくる過程にこそ、「主体−主体」関係を紡ぎ出す専門性が必要であることを忘れているのだと考える（念のためにいえば、知的障害等に比べてアスペルガー障害の探究はまだ100年にも満たない。こうした子どもが学習に踏み出し、展開するためのジグザグの過程を精緻に理解するためにも、もはや啓蒙的・概論的な知識ではなく、障害特性のより深いところでの知見が授業づくりには不可欠である。）。

　とはいえ、障害のある子どもの授業では、教材解釈をめぐって一般にイメージするような子どもからの、教師の予想を超えた、教師を瀬戸際に立たせるような認識・表現活動は期待できないのではないかという考え方もある。この点では、廣瀬が教育的診断として特徴づけている評価のあり方が示唆的である。廣瀬が、アセスメントだけではなくエヴァリュエーションを大切にする意義は、授業過程において子どもの認識・表現活動の中に潜在的な可能性を発見し、それを授業に位置づけていくことにある。障害の重い子どもたちにとっては、挙手してとうとうと発言し、教師を瀬戸際に立たせることはなかなか困難だとしても、子どもの活動にどう教師自身が教材解釈として価値づけるかの瀬戸際に立つことはある。一つの授業の中だけでは、また一つの教材だけではなかなか価値づけることはできないにしても、子どもが

授業で見せる活動にどう教材解釈と、先に触れた世界の見え方の解釈を発見するのかが問われている。

廣瀬が指摘する「流す、こなす、終わらせる授業」には、こうした教材解釈の世界を発見する喜びはない。読み書きの困難な障害児にドリル的な指導をしていたかつての授業ではなく、計算機等を用いて「できる」状況をつくり出す授業の意義が言われてきている。しかし、そこには計算ができる状況に流され、終わるという授業の落とし穴はないのだろうか。作業学習で「動線」を明確にして作業のできる状況をつくる指導においても、動くことができる状況に流されて、主体として作業に挑む子どもの姿はどれだけ大切にされているのだろうか。

将来の生活の「前倒し」の教育を批判する廣瀬の議論には、実は今指摘した「できる状況」が真に生きて働く力を育てることになるかについての根底からの問いかけがある。日々の授業づくりは、どのような子ども像・青年像を目指して取り組まれるべきかに留意しなくてはならない。こうしたマクロな視野から教師の専門性を問い直すことが必要である。

4）授業づくりと生活づくり

廣瀬の授業論は単に狭い教室空間で行われている営みにとどめるのではなく、学校生活をつくるという広い視野から構想されている。大人と子どもとが時間と空間を共有する生活の場をつくることに学校の役割があるとする視点は、日本の学校に支配的であった教化としての学校ではなく、生活の場としての学校論の提起として意義がある。

こうした学校論は、身辺の処理の仕方や人間関係のスキルを指導することが生活する力の形成だとする障害児の教育に対して、学校を生活の場として考え、つくり出す生活をともに模索する営みとして、これからの障害児の教育を展望しようとするものである。

日課の役割や広場としての教室等、生活のリズムをともにつくり出し、交わる空間をつくり出す共同の世界が障害児の教育には求められている。考えてみれば、望ましい生活のパターンを設定して、そこに子どもたちを適応さ

せる発想は今なお多いのではないか。

「愛される障害者」という時代は遠く過ぎ去っているかに見えて、実は大人や教師の都合で生活のパターンを押しつける考え方は残りつづけているように思われる。生活のリズムをじっくりとつくる、その過程に子どもたちが参加する営みを重視したい。「学級づくり」という用語には、もともと「いい学級をつくる」というのではなく、「子どもが主体として自分たちの生活をつくる仕事に参加する」という意味が込められている。

廣瀬が「生活をつくる練習」と表現しているのも、失敗や逸脱等の試行錯誤を繰り返しながら、自分たちで自分たちの生活をつくる実験の場としての学校の意義を強調しようとしたからである。失敗のない生活のパターンを身に付けたとしても、それが障害のある子どもが将来、自分たちの生活をつくり出そうとするための力にはならない。

こうした生活づくりの視点は、この分野の教育に関与する教師集団の課題でもあることを廣瀬は指摘している。日常のなにげない会話の中から授業づくりをめぐって、またそれを支える教育条件をめぐって願いが交わされ、それがみんなの要求として浮き彫りにされる、こうした生活のある学校が今改めて求められている。「日常的に易しいことばで授業について語り継いでいく」という指摘には、一知半解な特別支援教育の理論を振りかざすのではなく、教育実践の場に生きていることばにこそ、実践をつくり出す生命力があることを示唆している。

もちろん、そのためにはスホムリンスキーをはじめ、学級づくりの先人の教訓を紐解きながら、それらと対話しつつ、これからの授業をつくり出す生きたキーワードを探ることが大切である。そこには実践者と研究者という存在を超えて、共同で授業実践や学校の役割を問いかける営みが必要になる。

注
1）堺るり子「こころとからだを開く授業づくり」湯浅・冨永編『障害児の教授学入門』コレール社、2002

2）高井和美「こどもが〈わかる〉を大切にした授業づくり」難波博孝・原田大介編『特別支援教育と国語教育をつなぐことばの授業づくりハンドブック』渓水社、2014
3）高橋英児「学びと生活指導」高橋・福田・藤井・山本『新しい時代の生活指導』有斐閣、2014
4）鳥取大学附属特別支援学校『平成21年度研究紀要』第26集、2010
5）湯浅恭正『障害児授業実践の教授学的研究』大学教育出版、2006
6）竹内常一・佐藤洋作編『教育と福祉の出会うところ』山吹書店、2012
7）徳永豊編『障害の重い子どもの目標設定ガイド』慶応義塾大学出版会、2014
8）堺るり子「重度重複障害児との豊かなやりとりを通した授業づくり」湯浅ほか編『特別支援教育のカリキュラム開発力を養おう』黎明書房、2008
9）福新智幸「〈感じる〉楽しさをたっぷりと」『みんなのねがい』全国障害者問題研究会、No.471.2006
10）高井・前掲論文
11）妹尾豊広「生活の中で集団と文化をたいせつにする授業をつくる」白石正久・東京知的障害児教育研究会『自閉症児の理解と授業づくり』全障研出版部、2006
12）村上公也・赤木和重編『キミヤーズの教材・教具』クリエイツかもがわ、2011
13）日本教育方法学会編『日本の授業研究 上・下』学文社、2009
14）高井・前掲論文
15）加藤由紀『思春期をともに生きる』クリエイツかもがわ、2014
16）梅原利夫「教育方法学研究の固有性」日本教育方法学会編『教育方法学研究ハンドブック』学文社、2014
17）白石陽一・湯浅恭正編・解説『学級の教育力を生かす吉本均著作選集』明治図書、2006
18）成田孝『発達の遅れのある子どものこころおどる土粘土の授業』黎明書房、2008
19）湯浅恭正「教育実践の研究方法をめぐる論点」『SNEジャーナル』20、文理閣、2014

（湯浅恭正）

第4章
特別支援教育の授業づくり・その魅力と展望

1 とてつもなく厳しい模索による確かな学びを目指して

出会い

　筆者は大学で特別支援教育を学んだこともなければ、特別支援教育のメインストリームに縁があるわけでもないが、1976年、海と山に囲まれた青森県内の養護学校に赴任した。そこに、ロクロの得意な子どもがいた。地元作家の展覧会に招待されて、子どもたちの陶芸作品を出品したところ、鑑賞者の感想によって、子どもたちの表現の魅力を再発見させられるとともに、表現の本質への関心が高まる。

　附属養護学校に転勤後、ルートヴィッヒ・クラーゲス（1872-1956 生命哲学・人間学）に『表現學の基礎理論』の著作があることを思い出し、祥読会を始めた。クラーゲス思想を日本に紹介した千谷七郎（1912-1992 精神医学・人間学）らの著作も、参考とした。世の中を蝕んでいる「精神と肉体」の二元論に対して、クラーゲスによると、生命（ES）は「心情（seele）」と「肉体（leib）」から成り、「精神（geist）」が生命に後から闖入したとされる。このことは、三木成夫（1925-1987 解剖学・生命形態学）の著作『ヒトのからだ―生物史的考察』などからも知ることになる。

　クラーゲスによると、「精神」は生命と協調又は敵対するものと捉えられている。そして、その動向には、「解放」と「拘束」の両極性があるとされ

る。クラーゲス思想から、教師の愛・驚嘆・手本によって子どもの生命が解放されて躍動するか、それとも、教師の指示・命令・禁止によって子どもの生命が拘束されて萎縮するかは、「精神」のありようによることを学ぶ。教師の関心は、題材論や支援論、障害及び発達論になりがちである。しかし、教師自身が強く意識することはないが、教育の土台として、人間をどのように捉えるのかは極めて重要なことではないだろうか。

附属養護学校在任時は土粘土を展開すればするほど、子どもにとっての「土粘土」素材の魅力を思い知る。1950年代以降の神戸盲学校及び1970年代以降の千葉盲学校の先駆的な土粘土の実践は多少理解していたが、1950年代以降の滋賀県の施設（一麦寮、落穂寮、第二びわこ学園など）における土粘土の優れた実践を初めて知ることになる。自分のアンテナが、教育に偏重していたことを恥じた。滋賀県の施設のリーダーたちは、子どもの姿を借りた大人の作品を痛烈に批判するとともに、指導者どうしの研修も積極的に行われていることを知る。滋賀県の施設の実践から、主体的な活動の在り方、研修の在り方、焼成法、展示法、写真撮影法などについて、示唆を得ることができた。最近では、鹿児島のしょうぶ学園、大阪のアトリエインカーブなどの取り組みにも関心を持っている。このように、施設の実践から学ぶことも少なくない。

勤務していた附属養護学校を含む全国の養護学校が、「社会的自立」を目標に、作業学習や職場実習を重視していた。しかし、学校として、工程化及び分業化して製品をつくる作業学習に限界を感じていたので、従来の作業学習（作業学習Ⅰ）とは別に、工程化及び分業化しないで製品をつくる作業学習（作業学習Ⅱ）を新たに設けた。また、担当していた作業学習Ⅰの製品づくりに対する疑問から、本書で紹介した、題材「廃材の整理」を試行した。

当時の附属養護学校は、全教員の個人研究テーマを調査して配布したり、公開研究会の紀要とは別に、個人研究やグループ研究を発表するための年報を刊行した。学会に入会する教員も少なくなく、教育学部との研究会にも積極的であった。授業研究会では、授業参観記録用紙やグループ討議の導入を

試みた。

　学会における「授業を語る場」の必要性を熱く語る本書の共著者である廣瀬信雄に共感し、附属で培われた授業改善への切実感もあいまって、教授学的研究の重要性を再認識させてくれた同じく共著者である湯浅恭正らとともに、授業に関する自主シンポジウムを日本特殊教育学会に立ち上げることになる。

　教授行動の類型化にはさまざまな先行研究があるが、子どもの主体的な学びに不可欠な「段階的支援（内容及び構造化）」は、第1章の注28）③の「ディスタンシング仮説」などからヒントを得て、私案を作成することができた。

　「体性感覚」は、教育界はもとより、一般に広く使われている用語ではないが、中村雄二郎や大橋皓也らの著作及び医学界との交流から、その重要性を学んだ。

　「授業を考える会（代表　伊藤功一）」に参加し、衝撃を受けた。議論の厳しさと深さに圧倒された。まさに、まな板の鯉である。非難や批判ではない。授業の具体的な事実に対して明確な根拠を示しながら、授業の本質が究明されていくのである。まな板の鯉冥利で、提案者はもとより、参加者全員が深く学ぶのである。大学教員も継続的に参加し、よくありがちな助言者の立場ではなく、ともに学ぶ立場から積極的に提案や発言をしている。また、大学教員はややもすると一般論・抽象論になりがちだが、授業を具体的に鋭く分析する力に驚かされた。残念ながら、「授業を考える会」は解散したが、授業及び授業研究会の在り方に大きな示唆を得た。同時に、大学教員は授業の本質を具体的に論じる力を身に付けなければならないことを痛感した。加えて、徹底的な教材研究の必要性を、発表者の教材及び議論から学んだ。

　現在所属の児童学科では幼稚園や保育園にも関わっているが、発達年齢が特別支援学校と重なる幼稚園や保育園の実践から学ぶことも少なくない。養護学校勤務時代は、幼稚園や保育園にあまり関心がなかったことが悔やまれる。

障害児が制作すると、それだけで優れた作品になるとの誤解がある。学校や施設の展覧会の多くは子どもが輝いていないものが多い反面、子どもの輝きが掘り起こされた展覧会も散見される。この違いは、大人の指導力の差に起因するのは明らかである。
　前者は、「大人の指導力不足」及び「輝きが掘り起こされていない障害児の姿」をさらしていることになる。これでは、社会的に意味がないだけではなく、障害児を取り巻く環境の改善には決してならない。子どもの輝きが掘り起こされた後者の展覧会を模索してきたが、鑑賞者の心を揺さぶったのは事実である。ただし、作品や展覧会が先にあるのではない。授業で掘り起こされた子どもたちの輝きの結果である作品を、子どもたち及び社会のために展示するのである。子どもたちの輝きを掘り起こし、ともに生きる社会を創造するために、教師の責任の大きさに震えずにはいられない。
　以上を踏まえ、9つのメッセージを贈りたい。

(1) 感動的な授業を！

　授業で大切なのは、大がかりな仕掛けや、これ見よがしの自作教材・教具でもない。感動的な授業は子どもが瞳を輝かせ、子どもに対する教師の優しさと情熱が満ちあふれ、豊かな時間が流れている。
　水が嫌いな自閉症の子どもに対して、子どもの気持ちに寄り添いながら、徐々に水に慣れさせ、最後は子どもに笑顔があふれていた実践。子どもが困っているとき、間接的な支援をして、子どもが課題をクリアするまで辛抱強く待ちながら、課題をクリアした子どもに充実感いっぱいの実践。子どものそばまで行って、子どもに優しく語りかけながらアコーディオンやギターで優しく伴奏していた実践。感動的な授業は、枚挙にいとまがない。
　教師には大きな声ではっきりと話すことが求められているようだが、演説のようで閉口することがある。それに対して、感動的な授業は、子どもに寄り添いながら、優しく語りかけている。

(2) 生命の躍動を！

　教師も子どもも、人間という生きものであることを忘れてはいけない。人間は、"あたま（精神）"だけではない。"こころ（心情）"もあれば、"からだ（肉体）"もある。"あたま"と"こころ"と"からだ"の全体が生き生きと活動してこそ、生命は輝く。

　教師が、"あたま"による指示や命令や禁止などによって、子どもを無理に目標に引き上げるならば、子どもの生命は萎縮してしまう。

　それに対して、クラーゲスが心情育成の主養分としている「驚嘆・愛・手本」によって、教師は子どもとじっくり呼応しなければならない。この呼応によって子どもが見守られ、励まされ、安心して活動に集中する。そして、感動を共有しながら、子ども自らが自主的な判断によって目標にたどり着くことで、子どもの生命は躍動する。

　教師には、"あたま"偏重の教育ではなく、子どもの生命に寄り添い、子どもの生命に傾聴・共感・感動する"こころ"の教育が求められる。

(3) 教師としての力量不足の自覚を！

　いかなる職業でも、ふざけて仕事をする人はいない。みんな、真面目に取り組んでいる。真面目に仕事をするのは、当然である。しかし、真面目に仕事をするだけでは、教師と子どもが共同で学びを創造していくことはできない。授業は、そんなに甘くない。

　教育力に終点はないので、必死に努力して、向上し続けることが重要となる。しかし、題材（教材）研究や授業研究を深めるには、想像を超える厳しさを伴うので、相当な覚悟を必要とする。口先だけの力量不足の認識では、この厳しさに耐えられない。授業で立ち往生したり、優れた実践や授業研究会などを通して、授業力不足を切実に思い知る経験があってこそ、この厳しさに耐えられる。ここで初めて、研究や学びがほんものになり、授業が変わる原動力となる。

(4) 専門分野偏重の克服を！

　特別支援学校及び特別支援学級の教師の研究は、障害と発達に偏重している傾向が強い。在籍する子どもの特質の一つである、障害や発達に関する勉強は当然である。

　しかし、障害児である前に、同じ人間であり、同じ教育である。ならば、特別支援教育の研究や実践だけではなく、保育園、幼稚園、小学校、施設などの研究や実践からも学ぶべきである。さらに、教育は総合的な営みなので、狭義の教育だけでなく、人間や自然や文化や社会などのあらゆる分野について学び続ける必要がある。この過程で、教師自身の確かな教育人間学を構築するとともに、あらゆることに対処できる引き出しを一つでも多く増やし続けなければならない。

(5) 徹底的な題材（教材）研究と授業構想を！

　地域で栽培されているダイコンを教材化するために、そのダイコンを漬け物に加工している県外の工場まで調べに行った教師。米づくりを教材化するために、米づくりのプロである農家に1年間通い続けた教師。車のトランクが、研究用の図書などでいっぱいの教師。優れた実践家がいれば、どんなに遠くても出かけて学ぶ教師。題材（教材）研究に、頭が下がる教師はたくさんいる。

　我々の想像を超えるこれらの教師に共通するのは、題材（教材）研究が子どもの学びにつながったのかを、授業公開などの授業研究を通して、徹底的に吟味していることである。

　教師は自分が担当する授業は、それなりに題材（教材）研究をして取り組んでいると思うが、乾いた雑巾を絞るくらいの覚悟で、徹底的な題材（教材）研究及び題材（教材）研究に裏打ちされた授業構想が求められる。

(6)「教師が教えたいこと」を「子どもが学びたいもの」に！

　教えることは重要である。授業は、教師が教えたいことを徹底的に構想し、厳しく組織する必要がある。教育は、教師と子どもが共同で学びを創り上げていく作業である。「教えたいこと」を教師が一方的に教えるのではなく、子どもとじっくり呼応しながら、子どもが「学びたいもの」に転化し、教師と子どもが共同で高みに登らなければならない。

　教育は、教師と子どもが共同で学びを創り上げ、共同で高みに登る作業であることを頭では理解できても、実践となると難しい。この難しさを乗り越えるためには、教師としての力量が不足していることを認識して、徹底的な題材（教材）研究と厳しい授業研究を積み重ねていかなければならない。

(7) 題材（教材）や指導技術などの安易な模倣を克服し、学びを深めるための授業構想を！

　教育は、とてつもなく厳しい模索である。簡単に、解決方法が見つかるわけがない。形や結果を重視するなら、〇〇式などのハウツーものに頼れば簡単である。しかし、それでは、子どもの主体的な学びは決して形成されない。

　第1章で紹介した、作業学習の題材「廃材の整理」、美術の「ネクタイ人間」及び「土粘土」も、題材（教材）をそのまま模倣しても意味がない。学ぶべきは、その題材（教材）を基にした、学びを深めるための授業構想である。また、「表4　支援の構造（21頁）」を理解しても、このままでは何の役にも立たない。表5（23-25頁）のように具体化して授業構想を練り、実際の授業で子どもとやり取りしながら、学びを深めていくことができるかにかかっている。

　どんなに優れた授業実践であっても、対象の子どもも違えば教師も違う。そのまま模倣できるわけがない。教師は、目に見える題材（教材）や指導方法・指導技術・学習環境などに目が向きがちだが、優れた授業実践はもちろん、〇〇式などのハウツーものであっても、学ぶべきは安易な模倣ではな

く、子どもの主体的な学びを深めるための「授業構想」の手がかりである。

(8) 教師冥利の実感を！

　優れた実践をしている教師は、題材（教材）研究と授業構想に想像を絶する苦労をしているにもかかわらず、その厳しさと大変さを自ら表明することは少ない。子どもの成就感を引き出すためには、当然のことなのである。そして、子どもの輝く瞳と笑顔に共感しながら、教師冥利の瞬間を感じるのである。この教師冥利は、さらなる高みを目指す大きな力になる。教師冥利の瞬間を増やしながら、教師としての生きがいを見いだしたい。

(9) 子どもの"輝き"を掘り起こし、発信・共有しよう！

　子どもの学びを確かなものとしていく過程で、子どもの存在と子どもの輝きが確固たるものとなる。子どもが輝くことによって、教育が輝く。同時に、子どもの輝きに触れることによって、触れる人が輝く。社会が輝く。この輝きは子どもが生きていくうえで、大きな基盤となる。教師は、子どもの"輝き"を掘り起こし、ともに生きる人類の理想社会を創造していかなければならない。

（成田　孝）

2　魅力ある教師の仕事への誘い

気づき

　子どもとして自身が受けた信州の教育は、確かに「熱心な」教師像を筆者の中につくった。先生たちは教科の授業も、人格の教育も怠らなかった。「研究的であり、見て見ぬふりをするようなことはしない大人」として筆者には映った。教員養成大学に学んだが、それがいったいどのような「学問」なのか、学生ながら疑問を持ち続けていた。「教師」や「人に教える」とい

う、自身の体験からくる関心はもちろんあった。教科教育を専攻する学生たちは、その教科の科学的知識（あるいはその背景にある基礎科学）を深く学ぶことが教師になるための勉強と考えているようだったが、筆者には違和感があり、「それ以上の何か」を学ぶことが必要と感じた。教員養成学部のユニークさや限界を感じながらも、今の自分がそこにいるのは、恩師との出会いに負うている。とにかく、科学的知識を超えた、教師を支える脈略のある「知の基盤」が欲しいと思っていた。

　障害児教育の研究を進めようとした時、知的障害児の教育課程と教育方法を結ぶ方法論が必要だと気がついた。経験の蓄積だけでは説明できないと気づいたのだ。それは「教授学」であった。以後、筆者のテーマは「知的障害児教授学」ということになる。この子どもたちに、いつ、何を、どのように教えるか、を究明する研究である。その出発点となったのは1970年代までのソビエト・東欧における教授学と発達論である。

　最初の勤務校では、丸山二郎先生（故人、新潟県出身）から、「にぎやかな授業がよい授業ではない」「生活の論理、教科の論理」「知的障害児の言語を大切にすること」について手ほどきを受け、この実践家の授業が筆者の手本となった。次の勤務校では、北方教育の核心と「現場教育学」を戸田金一秋田大学教授（筆者が秋田大学教育学部附属養護学校に赴任する前年度まで、同校の校長を兼任されていて、小生を招聘してくださった。）から学び、そして多くの同僚とともに授業研究を体感し、実習生を指導した。ある分野の名人が必ずしもその分野の名教師ではない、名選手や名ピアニストが必ずしも名コーチ・名教師ではないことを強く意識し、自分が知ることと他人に教えることは別の過程であると気づいた。つまり授業づくりとは、意図と技術を要する一種の「芸術」であり、そのための教材研究が肝腎であると気づいた。なまはんかな気持ちで「教材」などと言ってはならないと教えたのは成田孝だった。また、このころ、当時香川大学で活躍されていて、筆者の拙い実践にコメントしてくださった湯浅恭正と紙面で知り合うことになった。

　教えるとは、授業の楽しさとは、これを最も強く問いかけるのは、困難な

状況下の子どもたちである。「特別支援」教育ということばも適切ではないが、特別支援教育の授業論というものが一般の授業論とまったく別に存在するとは思えない。むしろ、最も制限が多い場合こそ、最も高度な教育が必要である。しかもそれは「小さな」対症療法的な授業論ではなく、「大きな」授業論である。そのことを確信させたのは、やはりソビエト時代のアプローチ（スホムリンスキー、ヴィゴツキー、サカリャンスキー）であった。子どもに真心を持って接すること、間違った教育が障害を更に大きくさせてしまうことを、何のためらいもなく彼らが明言していることに気づいた。

更に「教育実習」は、上記全てのことを集中的に、象徴的に現象化する。つまり実習生の立場、実習校指導教諭の立場、大学教員としての立場、そして何より、もう一方の当事者である子どもの立場から、「教える－学ぶ」の思想劇、心理劇を、「実験的」に省察、検討、分析、改善する機会なのである。だから私たちのような授業論研究者にとって、教育実習は特別な意味がある。

学会における授業研究は、正当な研究対象と見なされにくい。教える過程・学ぶ過程を有機的にとらえることができなかったから、いつまでも応用の分野でしかないのである。結局、それは「現場の仕事でしょう」となる。学会は実践家と理論家を分けたいのである。可視化できないものを避けるのである。

教育のこと、授業のことは、グローバルに考え、ローカルに行動することが大事である。世界規模で考え、自分の足元で実践してみることである。したがって、時流とともにあろうとする都会より、自分の足元を見つめやすい地方の方が「授業研究」「教育実践そのもの」の研究には有利であるというのが筆者の持論である。一つの小さな実践の中に世界に通用する理論が具体化されているのだ。

（1）教育は子どもの内面に働きかけ、行動の意味を読み解くことである

　人を見ないで、行動ばかり見る態度ではなく、今、見えている姿の他に、まだ見えていない可能性を見いだす仕事。それは教師の最大のよろこびである。しかし、このようなよろこびに誰もがたどりつけるわけではない。教員免許を持っていても、採用試験に合格して採用されたとしても、まだ外側に現れていない子どもの可能性を見いだすことができる教師はそう多くはない。

　そのような教師になるためには、自分の感性を磨き、自分の関わり方を研ぎすまし、その手ごたえを理解できるように、自覚的に授業をつくり続けていかなければならないだろう。教師の仕事の魅力、それは子どもを見る力、関わる力の実感である。

　人類の誕生以来、子育ては大人の仕事であった。高度に発達した現代社会にあっても、子どもとコミュニケーションを確立したい、子どもと話がしたい、子どもの心と関わりたい……というのは、大人の根源的な要求なのだろう。さまざまな道具を発明し、産業革命を経て、現代社会のような時代にあって、大人の関心は、子育てより、スピード、効率、利益、といったものに加速度的に向かっている。できるだけ、手をかけないで利を得る。そのための機器の開発は進む一方である。できるだけ、自分で考えることはしない。そのためのシステム化が進む一方である。

　特別支援教育を取り巻く現代社会は、そのような背景を構成している。

　障害のある子どもたちの教育現場に目を向けると、次のような光景がある。

①子どもたちが自分から寄っていく教師と、寄っていかない教師がはっきりしている。

②この子どもは"自分の受け持ち"という意識があまり感じられない指導場面や教師が見られる。

③授業を「回す」ことが大事で、子どものことより、自分の「仕事のこなし方」を大切にする。

④したがって子どもたちや親たちには、"冷静に"接し、決められたことを説明し、手続きを提示する、あとは、子どもや親が自分でするのを待つ、という態度をとる。
⑤行事やイヴェント的な活動が数多く、企画し、実行することが強調される。
⑥平常日程の日々にどのような教育活動をしているのか見えてこない。
⑦とくに障害の重度な子どもたちには、教師の目と手と考えによって行われる教育ではなく、コンピューターソフトによって提示される内容が与えられている。
⑧教育の本質に迫る厳しい議論を、あえて教師間で展開しようとせず、肝腎な点について互いに触れないようにしようとする傾向が見られる。

だが教師にとって大切なのは、自分のそばにいる子どもが安心できる普通の大人であることである。そのような視点から教師の仕事の魅力を実感するときを整理するならば、次のようである。
①誰にも分からないその子どもの気持ちが、だんだん読めて、ことばで話せない子どもの思いが分かるようになったとき。
②あきらめかけていた指導に、子どもが応えてくれたとき。
③その子どもが自分とのコミュニケーションを楽しんでくれていると理解できたとき。
④授業の手ごたえ、教材への手ごたえ、が感じられるようになったとき。
⑤教師の仕事の多面性（技術者、カウンセラー、プロデューサー、仕掛人、シナリオライター……）を自覚できたとき。
⑥初めは受け身であった子どもたちが、「教師」を待つようになったとき。

(2) "プラス"の評価で可能性を見つける

数えられないこと、数値化できないことの価値づけと意味づけに注意を向けよう。

子どもにとって傍観的な行動観察者でいることと、子どもとともに過ごす教師でいることとではかなり違う。自然科学的な研究態度が強調されるときによく起こることは、"研究者"的になりすぎた教師の発言力が高まることだ。そのような教師は言わば、観察者に徹してしまい、自分が存在することの影響力を最小限に抑えようとする。つまり、自分は何もせずに子どもという個体の成長、変化、発達を測定しようとする。before も after も同じ尺度で測らなければならないし、諸条件も同じにしておかなければならない。その際、測定される子どもは、before も after も"静止状態"でなければならないと考えてしまうのである。

　このような研究態度が教育分野、特に障害のある子どもたちの分野に適さないのは次の理由からである。

①子どもは静止状態でいることは現実にはありえないし、仮定することもできない。たえず変化し、反応し、自発的に思考し、行動している存在である。

②教師が子どもの前にいて、あるいは子どもから見える所にいて、何の影響も与えないことは、現実には起こり得ない。そこにいるだけで大人は子どもに影響を及ぼしている。

③同様に、現実に教師は観察者になり得ない。とりわけ障害のある子どもたちの場合、教師は最大限、子どもに働きかけているのが普通である。また、自分が関わることによって子どもたちの成長や発達を促そうとする。個体が"自然に"変化するのを観察しているだけの教師は、教師ではない。

④子どもは誕生直後（あるいは胎内期からすでに）大人との関係の中で生きている。そもそも社会的な存在であり、一個体として単独では存在しえない。養育・教育の過程はすでに社会的関係の中で行われているのであり、静止した個体を観察することなど非現実的であり、そうしようとすることは教育の研究ではなくなってしまう。

教師の喜びやその仕事の魅力とは、自分が関わりを工夫することによって

起きる子どもの変化、詳しく言うならば、子どもに自分との関係、子どもの社会的関係がどのように豊かになるかを実感できることである。

(3) 劣化、脆弱化させない専門性

授業の当事者でいようとする態度が、教師の専門性を育む。

専門性が劣化、脆弱化したことの現れと思えるいくつかの現象を指摘したい。何度も述べてきたように教師の専門性は、子どもに関わり、その社会的関係を豊かにすることである。

教師の専門性の劣化・脆弱化は、なるべく子どもに手を触れないで仕事を済まそうとする、次のような態度にある。

①仕事を「教務化」する傾向

障害のある子どもの教育の管理、企画、運営に力を注ぎ、一人の大人として子どもをかわいがり、育てることに注目しない傾向である。しかし、肝腎なことはその子どもの立場に立つ教師であることである。

②コーディネーター化する教師

"仕事を円滑に回す"コーディネーター力が求められているのも事実である。連絡や調整している姿に、仕事らしさを求めているのかもしれない。誤解を恐れずに言えば、"調整役的"な仕事のしかたである。教師の現場にあっては、子どもの現実から離れ、このような"大人"の仕事に傾く教師もいる。実際に子どもを見ようとせず、その子どもの気持ちと対話する余裕もなく、大人間の連絡や調整や手配に力を注ぐ。

特別支援教育の分野に「コーディネーター」が制度化されたことの影響であろうか。

③教育課題の発見、測定、手だての設定、評価……これら一連のことをICT（情報通信技術、つまりコンピュータを活用すること。）やチェックリストで済まそうとする教師。

教師が自分の全ての感覚、前章の成田の表現に従えば、「五感や体性感覚（38-39頁参照）」によって働きかけ、毎日の生活を共有することから、かろ

うじて拾い上げることができる子どもの可能性を、自分のそのような力の不足からか、レディ・メイド（既製）のチェックリスト、到達度把握表や目標の設定ガイドなどに頼ってしまう"素人"の教師が増加している。手さぐりで子どもの心を知る力量が自分にないので何らかの外的根拠や手がかりを求めているのであろう。

　これは、測定しやすい認知面、教科学習の面のみへの着目に陥りやすく、子どもの気持ち、感情など情意面の軽視にもなる。このような教師の専門性のなさは、人間のあらゆる行動を、反射とか反応で説明しようとした時代とあまり違わない発想であるし、成長や発達を教科的な認知の力とみなし、遊びが主導的である発達段階であってもそれを無視し、断片的なスキル学習にしてしまう恐れがある。

　④もう一つの専門性の劣化・脆弱化は、一人で特定の子どもを抱え込み、いつまでも手放さず、自分が囲ってしまう教師である。この場合の専門性のなさは、教師の役割自体を理解せず、逆にその子どもの成長・発達を止めてしまうところにある。

　教師の専門性は、自分自身を使って子どもの心を読み取る努力とその結果としての力量にある。それがこの仕事と他種の仕事を区別している。現代の子どもをめぐる困難な状況を考えるならば、さらにいっそう磨きのかかった専門性が求められていると言えよう。それは一言でいえば、どのような子どもとも自ら直接"対話"する教師である。子どもを選ばない教師である。

(4) 大人のよい所をまねさせる

　子どもがしていることは、大人のまねである。現代の子どもは困難な状況に置かれていると言わざるを得ない。教育忘却の時代にあって、大人の価値観が直接子どもに影響する。

　教師の仕事が、障害のある子どもたちに豊かな可能性と、その事実を創り出すことにあるとすれば、"価値がない"（お金にならない）と思われていることの中に実は価値があることを忘れないために、この分野の教育はあるの

だろう。

　自分一人ではうまく学べない子どもたちに、豊かな学びをつくる支援をする。こんな楽しい仕事が他にあるだろうか。

　経済、効率、競争といった大人の価値観の世界で育っていく子どもたちは、どんな困難を味わっているのだろうか。自ら外に出ることをやめたり、子どもが荒れたり、暴力的になったり、弱い者に高飛車になったり、物事の原因を人のせいにする……これらはすべて大人のやっていること、大人の価値観や人格が伝わっているのである。

　であるならば、大人は、子どもたちのコミュニケーション欲求に応え、対話をし、ともに考え、ともに行動することを誠実にしていかなければならない。子どもにとってそれは人の気持ちや考えを共有する練習である。

　格差、効率、競争……といった社会を豊かな社会に変えていくのは、まさに大人と子どもが人の気持ちや考えを共有する練習を通してのみ、ようやく可能になる。その練習を仕事として行っているのが、教師たちである。何とすばらしい仕事であろうか。

　誠意を持って子どもたちに接するべきである。人間らしい考え方、人間らしい行動は、大人が子どもとの生活を大事にし、教師が学校で楽しく仕事をしている姿を見せることから、やっと育ち始める。養育や教育の仕事が、奇跡的に次の世代の人間を育てている。

（廣瀬信雄）

3　授業づくりの展望

　これからの特別支援教育の授業づくりを展望するために、障害児教育実践の流れを振り返りつつ、「なぜ授業づくりを問うのか」をめぐって、ここでも、二人の「展望論」から示唆される論点にも触れて考えてみたい。

第 4 章　特別支援教育の授業づくり・その魅力と展望　149

（1）授業づくりを支える基盤

　2015 年は戦後 70 年を迎える節目の年である。2007 年の特別支援教育の制度になる前の障害児教育実践はどのような特徴を持っていたのか。簡略に整理すれば、1980 年代までの 40 年間は生活の捉え方や学習指導要領に準拠した教育課程と指導形態の議論、交流・統合教育をめぐる議論が中心的に取り上げられた時代である。その後、1980 年代の半ば以降になってやっと授業という営みが議論の俎上に上った。それから 30 年の月日が流れた。その意味で 2015 年の今は、わが国の障害児教育の授業論についての黎明期ともいえる 30 年を経て、新たなステージに移行する節目の時でもある。

　教員養成系大学に学んだ筆者の授業づくりへの関与は、授業分析の理論を中心に授業研究を展開していた名古屋大学・教育方法学研究室出身の日比裕先生のゼミで授業記録の分析に学んだことから始まる。主に複式学級の授業を対象にした授業分析だが、授業という営みの持つダイナミズムに刺激を受けたことを思い出す。その後、戦後の授業研究を全国的に組織し、「全国授業研究協議会」の一翼を担っていた広島大学・教育方法学研究室に学び、教授学を基盤にした吉本均先生の論理に触れることになった。「どの子にもわかる授業を」という理念のもとに進めてきた学習集団研究は、今日のインクルーシブ授業を考える基盤にもなった。同時に、学習遅滞児に関心を寄せていた筆者にとって、吉本研究室のドイツ教授学を土台にした教育方法学研究は、単に通常学校の授業にとどまらず、障害児教育の分野にも通底する論理を持つことを感じていた（こうして筆者が学んだ戦後のわが国の授業研究の流れについては、日本教育方法学会編『日本の授業研究、上下』学文社、2009 に詳しい。）。

　しかし、1980 年代に障害児教育の教育方法学研究を本格的に探究しようとした筆者にとって、この分野での授業研究がほとんどなされていないことに愕然とした。もちろんそれ以前にも、本書の廣瀬・成田が積み重ねてきた教授学的探究があったことは特筆すべきことである。それ以降、なんとかして「障害児教育の分野に授業論を位置づけたい」と願い、授業づくりの研究

に取り組むことになった。そのことは、拙著の『障害児授業実践の教授学的研究』（大学教育出版、2006）で触れたが、その思いは今日まで継続している。とりわけ、学習集団論に学んできた筆者にとって、障害児教育の授業と集団の論理は基本的なテーマとして温め続けてきた。その間、この分野の先駆的な理論家・実践家として活躍されてきた廣瀬・成田の二人と出会い、継続して交流を深めながら授業づくりの論理を探究してきた。

　本書で明らかなように成田は、クラーゲスの哲学の論理とともに林竹二を中心とする教授学研究の知見が実践の基盤になっている。廣瀬は、ロシアや東欧の教育思想に加えて、秋田という東北の地に根ざした北方教育の思想を実践論の基盤に据えてきた。

　これからの特別支援教育の授業づくりを展望するとき、研究者・実践者を問わず、教育実践を支える知的な基盤がどれだけ豊かなのかが問われる。先に指摘した戦後の通常学校の授業論を支えた基盤・教育の知が、今、特別支援教育にどれだけあるのだろうか。通常学校・学級も含んで展開されるのが特別支援教育だとすれば、本書が主題にした主体性の問い直しとそれに寄与する教授学の知が、これからの特別支援教育の授業づくりを展望する鍵になると考える。

（2） 授業という制度と探究に開かれた学び

　授業づくりを含めて、日々の教育実践は教育制度の枠を外れて営まれるものではない。「すぐれた実践記録に登場する教師のようにはとても授業することができない。平凡に子どもたちと付き合い、揺れることなく安心した場で授業づくりに取り組みたい。」「教える内容は規定されているし、一年間という限定の中で学習の量をこなしていくことも無視することはできない。」という声はよく聞かれる。この声に代表されるような、一定安定した、限定された制度の枠組みに依拠して、日々繰り返し、営々と続けられていくものとして授業の現実はある。

　本書がテーマにしている主体性の意義も、こうした声を無視しようという

のではない。制度の枠に乗りつつ、それが教師にとって都合よく展開する授業に流れるのではなく、子どもとの応答を軸に学びがいのある過程をどうしたらつくり出すことができるのか、その論理を探るところに、主体性を問おうとする理由がある。

　戦後の授業論において、「教師の立ち往生」という言い方で、授業の途中で子どもの応答に立ち往生して教材の世界を深く探究する授業づくりの意義が説かれてきたのもそのためである。しかし、先に指摘したように、授業は日常的な営みであり、展開される授業の一つひとつがいつも「立ち往生」する不安定でよいと主張しているわけではない。毎日の生活で子どもたちと出会い、とりたててドラマ的な要素のない平凡に繰り返される安定した授業のリズムが進行する、それが学校の日常だといえよう。

　こうしたある意味では制度の枠に乗りながらも、教材の世界を深く探究し、教師からの問いかけが主体的な学びを誘い、その学びがさらに子どもの中に問いを呼ぶ「開かれた学び」をつくる視点が必要だと考える。この視点は障害児の教育だからこそいっそう大切にしたい。もちろん、例えば、障害の重い子どもにとって問いを持ち続けることは、そう容易ではない。しかし、主体的な学びが展開した場での子どもたちの表情・身体の動き等から更に新しい世界を探究したいという子どもの願いは見えるはずである。その呼びかけ（問いかけ）に応答する教師の主体性がこれからも授業づくりの課題になるのではないか。「生活単元学習」など、伝統的な指導においても、子どもたちが生活者として抱く問いを大切にし、そこから主体的な学びを展開することができるのだと考える。

　授業研究で大切にされてきた言葉に「ヤマ場のある授業」がある。教材の世界を子どもとともに深く探求する「ヤマ」があるのがよい授業だとされたからである。障害児教育において、こうした視点は大切にしたいが、平凡に展開するように見える日々の授業においても、例えば導入で教師が学びの場面に誘い、楽しく学ぼうとするあるリズムをつくり出すことが必要である。というのも、どうも近年の実践場面に接すると、教具や学習環境の設定には

かなりの工夫がなされてはいても、子どもたちに呼びかけ・誘いかける指導の姿勢が静かで淡々としていることが少なくないからである。学びの場をともにつくる、そこに教師も子どもたちも主体性が発揮される。こうした日常の授業の中にこそ主体性を考える基盤がある。

平凡に進む授業とは、子どもや教師とって意味を構成することのない学びが淡々と過ぎていくことではない。一見平凡に見えても、そこに教師と子どもたちとの誘いと応答がある授業だからこそ、学習集団は安定するのであり、また、子どもたちは安心して自己を表現していくことができる。こうした安定した学びの場をつくる過程そのものが授業づくりの重要な課題であり、その過程がつくられるにつれて、「ヤマ場」のある授業を産み出すことができるのだと考える。

(3) 授業を構想すること、物語をつくること

成田・廣瀬の「展望」から示唆される論点に触れるとき、第一には授業を「構想」する意義を改めて問いかけたい。成田が「徹底的な教材研究と授業構想の意義」「学びを深めるための授業構想の意義」を展望として指摘するように、構想力を視点にした探究がますます問われる。「構想」（コンセプト）がconceive＝はらむことと関連しているように、授業づくりは、自らの中に命をはらみ、新しい命を産む創造的な営みである。それは創造する喜びであるとともに、危機にも陥る営みでもある。育てるべき子ども・青年像を問いかけ、教材の世界を深く吟味し、子どもたちに届く指導とは何かを問いかけること、それは取り組む者にとっては自らを危機に陥れるほどの過程だといえる。成田が、あえて「構想」という論点を展望しているのは、今、こうした危機と創造の過程を自覚して授業づくりに取り組む風潮が極めて弱いからだと考える。

むろん、授業づくりの手かがりになる先行の取り組みに学ぶことは必要だし、そこにヒントを得ることは有効である。しかし、そうした参考事例を前提にしながら、成田がいう「教えたいこと」がどれだけ教師に主体的に解釈

されているかが問われているのではないか。「教えたいこと」とは、ベテランで高度な水準の域に達した者だけが構想できるのではなく、未熟ではあっても、教材の世界に深く切り込み、子どもたちとともにその世界を探究しようとする姿勢があれば構想できるものだと考える。この教師の姿勢に応えて子どもたちもまた主体として教室に姿を見せるのだ。

　吉本均先生は「一枚の指導案を持とう」と口にされていたが、シンプルにして深い教材解釈に根付いた授業構想が、子どもたちに「学びたいもの」として届く。授業づくりの参考になる資料が有り余るほど出回っている時代だけに、いっそう成田のいう「構想する意義」を確かめることが求められている。

　第二に、廣瀬の展望論からは、いかにして授業の営みを「物語」としてつくり出すかが示唆される。教育実践は、子どもの発達を意図して計画され、その結果が評価される営みである。学術的に障害児教育を対象にした「実践研究」といわれるものの多くは、子どもの変容を精緻に評価し、変容をもたらした条件と同時に評価するスタイルをとっている。しかし、変容をもたらしたであろう条件－授業で言えば教師の指導の質－の評価はごく一般的・常識的で、そこに授業に取り組んだ教師の関与の質が不明なものが多い。本書が課題とした教師の主体性とは何かに迫る探究は極めて乏しい。これでは、授業の学術的研究は栄えても、授業実践の質は発展しない。

　こうした学術的といわれる研究に問われるのは、授業に挑む教師の「物語」に注目することである。廣瀬が「自分が関わりを工夫することによって起きる子どもの変化」等を実感できるところに教師の仕事の喜びがあるといい、静止している状態として子どもを理解する限界を指摘しているのも、子どもたちとともに授業の場という「物語」を紡ぐことのない研究を問題視するからである。授業づくりを通して、子どもの変容だけではなく、教師自身が自己の立ち位置を省察し、関係を紡いでいく仕事は、ある教育方法を用いて行動変容を起こすような単純なものではない。そこには、授業の成立をめぐる多様な要素を視野にいれて、「主体と主体」との関係を築く「物語」の

要素が欠落している。ある特別支援学校の教師が、「障害の重い子どもになぜ授業を大切にするのか」との問いかけに、生命の危険といつも隣り合わせにいるかもしれない子どもたちが、授業という場で教材に触れ、教師や仲間と場を共有する体験を通して、生きようとする支えを意識することになるのだ、と述べていたことを思い出す。そこには、子どもたちとともに生きるための物語を紡ぐ教師の深い見識が示されている。

廣瀬は「コーディネーター化する教師」の問題を指摘しているが、授業展開でいえば、そこには子どもたちの表情や身体の動きから学習を発展させる可能性を拓く「教育的タクト」と呼ばれる側面が弱くなる。障害特性に応じた学習行動への対応・対策に力点が置かれて、子どもたちの応答に参加しながら教材の世界をともに探究する「物語」を紡ぐことはできない。

こうした「物語」論の立場からは、廣瀬の用語である「練習」に違和感を覚えるかたもあろう。しかし、教師・大人との共同を通して学校という場の中心的な領域である授業実践は、自己と他者の関係を学ぶ「練習」であり、そこに学校の役割がある。「練習」の意義は、O・F．ボルノーによって既に論じられてきた（Vom Geist des Übens.Eine Rückbesinnung auf elementale didaktische Erfarungen, VERLAG ROLF KUGLER 1991）。今では脱学校論の主張は目立たないが、それでも、学校の学習・授業は現代の子どものニーズに即さないなどといった指摘は多い。しかし、本書が提起した授業の論理は、学校という空間だからこそ可能な「練習」という学びの機能を持つ。子どもたちの発達の可能性に応答する責任を持つ学校と授業の役割を改めて確かめることが、これからの授業づくりを展望する基本だと考える。

（湯浅恭正）

あとがき

　教師が担当している教科・領域（幼稚園・小学校・特別支援学校はおのずと種類が多くなる）の学習内容を考えることは、大変なことである。一コマ一コマ、何をやればよいかを考えて準備し、授業に臨むことになる。事前に準備することもあれば、当日若しくは授業が始まってからその場で準備することもあるかもしれない。

　教師が指示した学習内容を子どもがこなす授業や、スムーズに流れる授業、早く結果にたどり着く授業は、決して目指す授業ではない。重要なのは学習内容ではなく、試行錯誤を繰り返しながら、教師と子どもが主体性を発揮してともに高みに登るための授業構想である。つまり、授業で問われるべきは、「何をしたか」ではなく、「何を学んだか」である。

　教師は誰でも、「よい授業」をしたいと思っている。そして、教師も子どもも成就感にあふれる「よい授業」は、簡単でないことも理解している。

　昨日までと違う授業は、教師自身が昨日までの自分と変わらなければできない。変わるためには、変わらなければならない必然性がなければならない。

　自分が行っている授業を、理想の授業と考えている教師はいない。ひどい授業と思っている教師もいない。それなりに「よい授業」、つまり合格点だと思っている教師が多いのではないだろうか。

　人間の考え方や能力は、経験によってつくられる。いわゆる「経験知」である。経験知の差が、人間の考え方や能力に反映される。また、人間は経験知を過大評価する傾向があるので、自分の授業を肯定的かつひいき目で評価するのは否めない。

　「経験」が「経験知」となるには、共感的体験に裏付けられた、厳しい実践と研究の積み重ねが不可欠である。この過程で、新たな知を獲得することができ、経験知が僅かに増える。増えることによって、以前の知を初めて理

解できる。それまでの取り組みの課題も、見えてくる。子どもの実態に合う題材を考え、工夫して取り組んだつもりでも、後年になって課題が多いことに気づくのはそのためである。研究や研修が意味を持つのは、自分と異なる経験知を持つ人々との議論などを通して、自分の経験知が激しく揺さぶられる場合である。

「主体性」の重要性を、否定する教師はいない。しかし、自分の実践を振り返ると、指示が強くて子どもの活動をじゅうぶんに待てなかったり、じっくり対話できる題材でなかったり、主体性を損ねたことが多々あったと反省している。主体性が発揮されるか否かは、教師が全ての鍵を握っている。ここに、教育の怖さがある。子どもは教師を選べなければ、学習内容も選べない。教師が用意したものを、受け入れるしかないのである。

授業改善の原動力は、授業で立ち往生したり、優れた授業や授業の本質に迫る研究会又は図書などを通して、自分の力量不足を痛感しなければ生まれない。口先や頭だけでの理解では、決して授業改善の原動力にはならない。力量不足に対する切実な危機感が生む確固たるモチベーションがなければ、とてつもなく厳しく深い「授業づくり」の模索の旅には出られない。

執筆者の3人は、日本特殊教育学会でマイナーなイメージの強かった「授業」こそ重要であるとの認識から、授業に関する自主シンポジウムを1994年に立ち上げ、今日まで途切れることなく継続してきたメンバーである。この22年で、授業関連の自主シンポジウムや図書が増えてきたのは、隔世の感がある。

では、22年前に比べて、現場の授業力は高まっているだろうか。残念ながら、そうと言える現状ではない。この危機感をして、本書では授業づくりに直接関わる教材文化論・指導技術論・学習集団論・教師論はもとより、授業（教育）の本質に関わることについても多面的かつ深く論考したつもりである。

図書は企画書に基づいて執筆分担し、完成した原稿を編集者が集め、チェックして完成することが多い。しかし、本書は執筆者の3人が共同で

内容に責任を持つために、企画書作成の前に東京と大阪で協議した。原稿完成後もお互いの原稿を熟読したうえで、東京で率直に意見交換し、修正を加えた。

　本書は、ハウツー本でも、マニュアル本でも、概論書でも、題材集でもない。特別支援教育への言及が多いが、特別支援教育関係者に限定したつもりはない。特別支援教育のみならず、あらゆる校種・年齢・教科・領域の授業に通底するものと考えている。

　残念ながら、すぐに役立つ本ではない。学びの本質に迫った、授業再考の本である。内容上、やや難しいかもしれないが、授業を根本から問い直すきっかけになればありがたい。

　また、本書は単なる知識を提供するために刊行したのではない。教師の知識や技術や経験は、授業改善につながらなければ意味がない。教師がいかなる知識や技術や経験を有しているかは、教師の事情にすぎない。子どもの事情は、授業を通して、仲間や教師とともにかけがえのない充実した時間を過ごすことが全てである。この子どもの事情のために培うべきは、緻密で強力な「教師が自らの授業を問い直し続ける意志」にほかならない。

　一度に全ての授業を問い直して改善することは困難なので、対象を絞って徹底的に問い直したい。そこでの揺るぎない縦糸が財産となり、ほかに応用して横糸を織ることも可能となる。

　そして、何よりも教室が、子どもを心で抱きしめる教師に見守られながら、子どもたちの"輝き"で満ちあふれていくことを願ってやまない。同時に、教師と子どもが絶対平等者として、子どもの内面を読み取りながら、子どもとの対話を深められる教師でありたい。

　最後に、本書の出版を快諾いただいた大学教育出版代表取締役の佐藤守様及び編集担当の中島美代子様に、心から感謝申し上げる。

2015 年 6 月
　　　　　　　山梨、愛知、鹿児島の執筆者を代表して　　成田　孝

執筆者紹介（五十音順）

成田　孝（なりた・たかし）

1950年青森県生まれ。多摩美術大学卒業。4年間の公立中学校教諭、計34年間の県立・国立・私立の養護学校教諭を経て、現在、鹿児島国際大学福祉社会学部児童学科教授。第12回（平成3年度）辻村奨励賞受賞。所属学会は、KLAGES GESELLSCHAFT（ドイツ）、日本特殊教育学会、大学美術教育学会、日本自閉症スペクトラム学会、民族藝術学会、日本美術解剖学会。
主な著書：『発達に遅れのある子どもの心おどる土粘土の授業 — 徹底的な授業分析を通して — 』（黎明書房、2008）、「『情操』概念に関する一考察」『大学美術教育学会誌第24号』（1992）、「表現の意味について — ルートヴィッヒ・クラーゲスに依拠して — 」『弘前大学教育学部教科教育研究紀要第1号』（1985）ほか。
〔担当章：第1章、第4章1、あとがき〕

廣瀬信雄（ひろせ・のぶお）

1953年長野県須坂市生まれ。京都教育大学、東京学芸大学大学院を経て、二校の大学附属養護学校（筑波大学附属桐が丘、秋田大学附属）教諭となる。1989年より山梨大学に移り、知的障害児教育分野を担当。現在、山梨大学大学院総合研究部教育人間科学域教授。日本特殊教育学会（1976～）、全国盲ろう者協会賛助会員。
主な著書・訳書：『がんばってね　せんせい』（田研出版、1997）、『みえる・きこえる — 指先の世界 — 』（新読書社、1997）、『学習障害幼児とあそび』（新読書社、1998）、『ヴィゴツキーの生涯』（新読書社、2003）、『盲ろうあ児教育のパイオニヤ、サカリャンスキーの記録』（文芸社、2014）ほか。
〔担当章：第2章、第4章2〕

湯浅恭正（ゆあさ・たかまさ）

1951年島根県生まれ。島根大学・広島大学大学院を経て、1979年から徳島文理大学、1983年から香川大学、2005年から大阪市立大学に勤務。2015年10月から中部大学現代教育学部教授。専門は教育方法学・障害児教育学。日本教育方法学会・日本特別ニーズ教育学会・日本生活指導学会等に所属。
主な著書：『障害児授業実践の教授学的研究』（大学教育出版、2006）、『困っている子と集団づくり』（クリエイツかもがわ、2008）、『新教師論』（共編、ミネルヴァ書房、2014）、『障害児保育は「子ども理解」の場づくり』（共編、かもがわ出版、2014）、『インクルーシブ授業をつくる』（共著、ミネルヴァ書房、2015）ほか。
〔担当章：まえがき、第3章、第4章3〕

教師と子どもの共同による学びの創造
――特別支援教育の授業づくりと主体性――

2015年11月30日　初版第1刷発行

■著　者──成田　孝／廣瀬信雄／湯浅恭正
■発行者──佐藤　守
■発行所──株式会社 大学教育出版
　　　　　〒700-0953　岡山市南区西市855-4
　　　　　電話(086)244-1268㈹　FAX(086)246-0294
■印刷製本──モリモト印刷㈱
■ＤＴＰ──北村雅子

© Takashi Narita, Nobuo Hirose, Takamasa Yuasa 2015, Printed in Japan
検印省略　　落丁・乱丁本はお取り替えいたします。
本書のコピー・スキャン・デジタル化等の無断複製は著作権法上での例外を除き禁じられています。本書を代行業者等の第三者に依頼してスキャンやデジタル化することは、たとえ個人や家庭内での利用でも著作権法違反です。

ISBN978-4-86429-347-1